運用キャリア25年超のファンドマネージャーが教える

金利を見れば投資はうまくいく

堀井正孝

クロスメディア・パブリッシング

はじめに

「金利」を知れば、
投資の確実性は向上する

金融市場における「炭鉱のカナリア」は「金利」である

　皆さんは「炭鉱のカナリア」という言葉をご存知でしょうか?

　カナリアは、周囲の異変にとても敏感で、普段常にさえずっているのに、危険を感じると鳴き止むという習性を持っています。昔、炭鉱労働者は、坑道に入る際に3羽のカナリアを鳥かごに入れて持っていきました。

　そして、そのうちの1羽でも鳴き止んだら、「炭鉱内にガスの発生等、なんらかの変調が起きている」と察知しました。要は、カナリアは一種の警報(アラーム)として使われていたわけですが、これによって、炭鉱労働者は事前に危険を回避することができたのです。

　実は、投資の世界にも「炭鉱のカナリア」が存在します。

　それはズバリ、「金利」です。

「金利」はまだ表面化していない景気の変調を教えてくれる、まさに投資の世界におけるカナリアなのです。

　だから金利のことを知れば、投資の確実性は向上します。投資家にとって、これほど力強い味方はありません。すでに何度か投資で失敗した経験があれば、「金利のことをもっと知っていれば、失敗しなかったのに」と思うはずです。

　私は25年超の長きに渡り運用の世界に身を置き、日々金融市場と奮闘してきました。その経験から、景気を反映する金融市場の「炭鉱のカナリア」は、身近にある「金利」であると断言できます。

使いこなすべき金利は、たった３つだけ

　３つの金利を使って、「金利」を「炭鉱のカナリア＝警報」として機能させれば、景気の変調に気付いていけるはずです。

　まず第１章では、リーマンショックという実例に基づき金利と景気が連動していることを確認しましょう。きっと金利を知りたくなるはずです。

　第２章では、警報となる３つの金利をご紹介します。何事にも基本は大切です。この３つの金利だけは、その種類と性質を十分に理解して下さい。

はじめに

　第3章、第4章では、3つの金利と景気の関係を詳しく見ていきましょう。金利の何に注目し、どのように変化するのか、その変化が景気にどのように影響するのかを中心にお話しします。

　そして、第5章以降では世界の景気を知り、最後には、自らの判断で投資を考えてみましょう。

すべては米国から始まる

　"2015年12月16日、米国が10年ぶりに利上げしました"

　さて、ここは日本なのに、なぜ「米国の利上げ」が騒がれているのでしょうか。

　それは、日本同様、世界中の国が否応なしに米国の影響を受けているからです。

　例えば、ほとんどの金融機関では、外貨両替で米ドルを扱っています。しかも、他通貨に比べ、両替手数料が安いはずです。これは、米ドルが世界中で通用することであり、米ドルを自国通貨とする米国が世界の中心国だという証でもあります。

　また、日本人なら誰もが知るトヨタ自動車（株）は、自動車販売台数で世界一を誇ります。ただ、最新の所在地別販売台数を見てみると、意外にも日本は全体の24％程度にとどまり、76％が海外での販売で、その中でも北米が全体の30.3％で最多となってい

ます。ある意味、日本を代表するトヨタ自動車（株）の業績は、北米での売れ行きにかかっていると言っても過言ではありません。トヨタ自動車（株）の業績が良ければ、その関連会社の業績をも押し上げ、日本の景気が良くなるという印象があるはずですが、基をたどれば、北米、その中でも経済大国である米国の景気が、日本の景気を動かしているのです。

　米国が世界金融危機から本当に立ち直ったのか、約10年ぶりの利上げは米国景気にどのような影響を与えるのか、まずは、米国の動向に注視することです。それこそが、我が日本の景気の行方を探る近道となります。

今の投資、そのままでいいですか？

　「その商品に投資した理由は？」と尋ねると、「なんとなく」「勧められたから」「人気があるから」という答えが多く、「では投資商品を見直しますか？」と尋ねると、「わからないから今のまま」とよく言われます。本当に「今のまま」でいいのでしょうか。

　突然ですが、日本には四季があります。春には桜が咲き、秋には紅葉が始まります。夏は半袖になり、冬はコートを着ます。人々は季節の移り変わりを当たり前のように受け入れ、楽しみま

す。

　そこで、まさに本書の主題になるのですが、実は、景気にも春・夏・秋・冬があるのです。季節ごとに、どんな株がいいのか、どんな債券がいいのか、なぜ今人気があるのか、種類もメリットもかなり違ってきます。景気の移り変わりを感じ取れれば、自分に合う効率の良い投資商品がきっと見つかるはずです。

　大切な資金なのですから、自らの判断で、季節に合った商品を選び、投資しましょう。

　以上のように、「金利」を知ることで「景気」を予測することができます。そして、「景気」を予測することができれば、「投資」の確実性は向上します。

　本書をぜひ、皆さんの投資活動に役立てていただけたら著者冥利に尽きます。

CONTENTS

はじめに 003
「金利」を知れば、投資の確実性は向上する

金融市場における「炭鉱のカナリア」は「金利」である／使いこなすべき金利は、たった3つだけ／
すべては米国から始まる／今の投資、そのままでいいですか？

第1章 **金利は景気の「今」を表す**

2008年の世界金融危機を振り返る 018

1 リーマンショックは、なぜ起きたのか？
住宅価格が頭打ち／遅れた各国の利下げ時期／米国景気を押し上げたサブプライムローン／
リーマンショックで米国に激震／NYダウ史上最大の下落／出遅れた主要先進国／
米国発、日経平均株価一時6000円台

2 金利はリーマンショックを知っていた
最初に金利が動いた／金利はやはり「炭鉱のカナリア」だ

上がるのか、下がるのか、知りたいと思いませんか 029

1 怖いのは下落、避けられないのも下落
2 景気のセンチメントを知る

「経済指標」で景気を判断しようとしていませんか 032

1 改定される経済指標
2 金利は景気の「今」を表す

第2章 **3つの金利で景気は予測できる**

1つ目の金利　政策金利（短期金利） 036

1 中央銀行に支払う金利

CONTENTS

2 金融政策とは政策金利の変更
3 日常生活で金融政策を感じる

2つ目の金利　10年国債利回り（長期金利） ············ 039
1 「債券」とは期間・利率を定めた資金調達の1つ
2 10年国債利回りは10年の基準金利

3つ目の金利　「社債利回り」について ············ 041
1 社債と国債は発行体の違い
2 同年限で浮き出る信用力の差
3 信用力は企業より国債が上
4 私たちも信用力を使っている

COLUMN 1 ファンドマネージャー（FM）の条件 ············ 046

第3章 **景気サイクルと
金利の関係**

景気には3つのサイクルがある ············ 048
1 ＩＳＭ製造業景況指数は50が基準
2 見えてくる3つの景気サイクル
金融政策と信用力が景気を動かす
3 サイクルは10年・5年・2年半
信用サイクル／金融政策サイクル／在庫サイクル

世界は米国に追随する ············ 055
1 景気サイクルは米国から始まる
2 プラスする各国の事情

金利から景気後退局面を予測する ············ 059
1 金融政策サイクルには四季がある

CONTENTS

2 ポイント1:長期金利は短期金利の先を行く、景気の「バロメーター」

まず動くのは長期金利／短期金利はじっくり慎重派／長期金利は敏感かつ行動派／
夏の終わりに逆転現象

3 ポイント2:長短金利差は景気の「先行指標」

長期金利－短期金利＝長短金利差／夏の縮小は秋の気配／冬の拡大は春の雪解け／
長短金利差は予言者

4 ポイント3:長短金利差がマイナスになったら冬接近

長期金利は寒さに敏感／夏の逆転現象は悪い予感

5 過去のデータで検証～長短金利は本当に景気と関係しているか

長短金利差の方向転換で季節が変わる／夏の悪い予感が的中／
長短金利差は景気を知る大きな手がかり

6 長短金利差1％割れは注意、0％割れは警告

長短金利差は景気の道しるべ／見逃すな、1％と0％割れ

COLUMN 2 **駆け出しFM時代　その1** ································ 070

第4章 **信用サイクル**

なぜ10年に1度、世界的金融危機が起こるのか ········· 072

1 銀行が融資するか、それが信用サイクル

①リスクオン局面　「喜んで貸します」／②レバレッジ局面　「少し不安、でも貸します」／
③リスクオフ局面　「検討しましたが、残念です」／④財務緊縮局面　「元気になったら、また」

2 約10年に1度、景気は地に落ちる

融資の消極化が景気後退を呼ぶ／3つのサイクルが合体して負の威力増強／鍵を握る3つ目の金利

社債スプレッドは信用サイクルを物語る ····················· 079

1 社債利回り－国債利回り＝社債スプレッド

2 景気が悪いと社債スプレッドが拡大

社債スプレッドで景気後退を予測する ························· 081

1 企業財務の健全性（安全性）を測るレバレッジ比率

マンション購入、自己資金とローンはそれぞれいくら?／レバレッジ比率は高いと不安?／

株価は見た目、社債スプレッドは性格を表す

2 社債スプレッドでわかる企業の信用力

銀行融資と企業借入は表裏一体／①リスクオン局面 「積極性が強味」／
②レバレッジ局面 「見た目に騙されるな、本質を見抜け」／③リスクオフ局面 「メッキがはがれる」／
④財務緊縮局面 「生まれ変わる」

3 景気後退のサインは、社債スプレッドの拡大

レバレッジ局面で気づけるか／株価の上昇＋社債スプレッドの拡大＝危険信号

COLUMN 3 駆け出しFM時代　その2 ································· 092

第5章

お金は世界を回っている

お金（米ドル）は世界を回っている ································· 094

1 「基軸通貨」と言われる米ドル
2 米ドルは血液

米ドル流動性（ワールド・ダラー＝WD） ················· 097

1 WD＝国内ドル＋海外ドル
2 WDを分解
国内ドルは金融緩和で膨らむ（＝米国マネタリーベース）／
海外ドルは米国債に姿を変える（≒世界の米ドル外貨準備高）

米貿易収支が新興国の景気を左右する ················· 101

1 米貿易収支が米ドルの流れを決める
貿易赤字拡大で、海外ドルが増加／貿易収支に変化〜シェール革命で潤うのは米国だけ

2 海外ドルが為替介入で新興国の外貨準備高に
為替介入で米ドルが中央銀行に集合／米ドル頼みの新興国経済

WDから見る新興国経済 ································· 107

1 米国と新興国には時差がある
米国が山頂の時、新興国は谷／米国の好景気がやがて中国の好景気に

過去のデータで検証

2 WDから世界が見えてくる

2つの基本／WDの伸び率（前年比）は景気の現れ／米国はWDで世界経済を牽引できるか

COLUMN 4 ▶ **FM時代 ～海外出張で多くを学ぶ～** ················· 118

第6章

すべては米国から始まる

景気サイクルを予測に活かせ！ ······················· 122

1 完璧なんてあり得ない

2 やるべきは、金利の「活用」と予測の「修正」

米国の今を知る ···································· 124

1 金融政策サイクルから見た米国

世界金融危機からの1周目／復活への2周目／最近の天候を考えてみる／今の季節は?

2 信用サイクルから見た米国～本質を見抜けるか

米国の今後を予測する ······························ 133

1 シナリオを描く

2 そのシナリオのその先は?

3 シナリオ1は、金融政策が鍵～10年ぶりの利上げは続くか

10年ぶりに利上げ開始／金利はどこまで上昇するか／材料出尽くしで株価は堅調／長短金利差を追え／サイクルの短期化に注意／米国は引き締め、ユーロ圏・日本は緩和で米ドル高に

4 シナリオ2は、新興国の行方が鍵

金融政策サイクルは3周目に突入か／1990年代後半の新興国／次の危機を招く新興国は?／米ドル高が米国をダメにする時、緩和を決断か

5 シナリオ3 信用スプレッドは盤石か 異例の事態発生

危機では銀行間与信残高が激減／異例の事態回避のために自己資本規制を強化／社債スプレッドの急拡大は異例の事態の前兆／IMFの警告／皮肉にも自己資本規制が異例の事態を招く恐れも

「今」+New、修正力を研ぎ澄ませ ···················· 166

CONTENTS

第7章 ユーロ圏という大国

他に類を見ないユーロ圏事情 168

　1 ユーロの誕生

　2 一律の金融政策、バラバラの財政政策

　3 差がつく国の信用力

先頭に立つドイツ 170

　1 金融政策は昔も今も米国に追随

　2 長短金利差もまた然り

欧州債務危機が勃発 173

　1 一国の危機がユーロ危機へ発展

　2 要は、信用サイクル

　3 スペインの4つの局面

　①リスクオン局面 「ユーロに期待し、スプレッド縮小」／②レバレッジ局面 「借入増加で、ややスプレッド拡大」／③リスクオフ局面 「ソブリンリスクが発覚し、スプレッド急拡大」／④財務緊縮局面 「財政健全化で、信用力が徐々に回復」

　4 スペインに見えてきた光と2つの影

　財政健全化という光／反緊縮財政という民意の影／カタルーニャ州が更なる影となるか／ポルトガル、君もか。

欧州の今後の行方 181

　1 12年前の日本は今の欧州

　2 「欧州の日本化」はあるか?

　ドイツ主導の利上げが危機を招く?／2015年12月3日、ECB追加緩和実施／ドラギ総裁は「欧州の日本化」を避けられるか

CONTENTS

第8章 追い風に乗る日本

景気循環の歴史から学べること …………………………… 188

金融政策サイクルのお国事情 ……………………………… 190
1 黒田日銀総裁による大胆な金融緩和
2 金融政策サイクルの新生児たち
縮小したままの長短金利差／「円高との戦い」との決別
3 放たれ続けるか、黒田バズーカ

順調な信用サイクル ………………………………………… 198
1 申し分ない信用力
積極的な融資姿勢／健全な日本企業／社債スプレッドの縮小
2 IMFのお墨付き

上向きな日本に潜むリスク ………………………………… 204
1 日銀の出口戦略
テイパリングの開始／過去3回、割高修正で国債急落／次回は米英欧と段違い〜日本格下げの恐れ
2 不動産向け融資
不動産が融資の中心／追加規制や法改正の懸念
3 日本の投信フロー
移り変わる投信の人気／国の支えは人気の投信マネー／常に投信人気を追うべき

第9章 投資で成功するために

金利で投資環境を測る ……………………………………… 212
1 意外に難しい「総合的判断」という代物
2 投資環境スコアを作成〜自動的に総合的判断
5つの基本データ／実際にスコアを作成

CONTENTS

3 ボトムの予測～投資環境スコアは過去の危機を見破れたのか

季節に合った商品選びの勧め 217

1 「景気回復＝全て上昇」ではない
ピークは順番に訪れる／株式のカテゴリーによる違い

2 商品市況は新興国とタッグを組んでいる
商品指数の下落は、米国にはプラス／豪ドルは新興国経済に連動

3 為替も大事な収益源
基本は米利上げ＝円安ドル高、でも1年の猶予あり／米国か他の先進国か？／
外債投資は債券のリターンも享受できる

4 季節によって優位に立つ商品がある

投資の心得 235

1 金利は有効な景気判断ツールである～売買ではなく、「使う」

2 全ては循環する～軸をぶらすな

おわりに 237

第 1 章

金利は景気の
「今」を表す

ABOUT THE ECONOMY,
INVESTMENTS
AND INTEREST RATES

ABOUT THE ECONOMY, INVESTMENTS AND INTEREST RATES

2008年の
世界金融危機を
振り返る

　日経平均株価が「7000円台に下落、一時6000円台に突入」と
ニュースで大きく騒がれたのを覚えていますか? 資産（株）、給
与やボーナスが減ると危機感を抱いた人もいれば、一時的な円高
（1ドル80円台）で海外旅行にでかけた人も多かったはずです。
実は、これらは米国で起きたリーマンショックが発端です。

　リーマンショックはもちろん、世界金融危機、サブプライム
ローン問題（住宅バブル崩壊）、どれも一度は耳にしたことがあ
るはずです。これらすべては2008年前後に米国に大打撃を与えた
出来事です。その証拠に、景気全米経済研究所（略してNBER
といい、景気拡大・後退の転換点である基準日を決めている）は、
2007年12月から2009年6月を米国景気が非常に悪かった時期（景
気後退局面）とはっきり認定しています。

　そこで、私が「金利」を「炭鉱のカナリア」であると断言でき
る実例として、この2008年前後に米国で何が起きていたかを振り
返ってみましょう。

1 リーマンショックは、なぜ起きたのか？

住宅価格が頭打ち

＜グラフ1−1＞は、リーマンショック前後の米国の住宅価格と株価（NYダウ）の推移です。米国の景気後退局面にシャドーを入れてみると、最近では世界金融危機の他に、2000年頃のITバ

1−1　米国の住宅価格と株価の推移

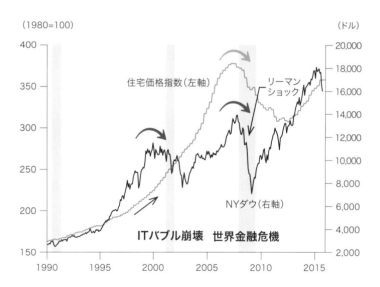

注）シャドーは景気後退局面（NBER）
出所）米国連邦住宅金融庁（FHFA）、Bloomberg

ブル崩壊があります。今ではインターネット（IT）は当たり前の存在ですが、世の中に広まったのは1990年代後半で、IT関連の企業や株式への投資に走りすぎた結果でした。

株価は2回ともシャドーの手前で頭打ちになります。しかし、住宅価格はほぼ一本調子で上昇し、世界金融危機の時にだけ頭打ちになっています。

解説

▶ ITバブル崩壊

ITバブルとは、1990年代後半に米国市場を中心にIT関連企業の人気が高まり、株価が急騰した時代のことです。ナスダック（NASDAQ）株価総合指数は、2000年3月10日には5048を付けました。しかし、ITバブルは崩壊し、2002年には1000台まで下落しました。

この崩壊の原因は、1996年にグリーンスパンＦＲＢ議長が当時の株価上昇を既に「根拠なき熱狂」と言い表したように、ただただ理由なく株価が高騰し過ぎたというしかありません。

いやはや、バブル（泡）とはこの景気の実態を上手く表現したものです。

遅れた各国の利下げ時期

＜グラフ1-2＞は、米国、ユーロ圏（ざっくり言えば欧州）、日本の政策金利の推移を示したグラフです。のちほど詳しく説明しますが、よく聞く「利上げ、利下げ」の「利」が、政策金利にあたります。

米国は、シャドー（景気後退局面）の直前から利下げし、ユー

1-2 政策金利の推移

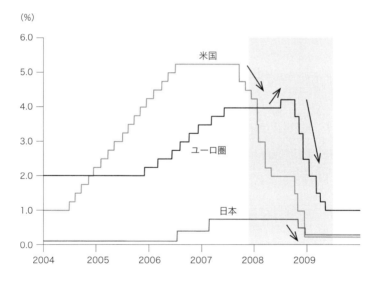

注）シャドーは景気後退局面（NBER）
出所）Bloomberg

ロ圏と日本ではシャドーの後半部分からやっと利下げが始まります。その他、ユーロ圏がシャドー内で利上げをしているのが目に付きます。

米国景気を押し上げたサブプライムローン

　では、住宅価格と政策金利を使って、リーマンショックが起きた背景をお話しします。

　米国経済（株価）は、ITバブル崩壊から立ち直り、2002年頃から2007年まで再び上昇します。その米国経済回復のエンジンとなっていたのが、住宅価格の上昇を背景とした旺盛な個人消費です。

　特に「サブプライムローン」と呼ばれた低所得者層向けの住宅ローンが伸びました。住宅価格が上昇してさえいれば、担保価値が上昇（≒信用力の向上）するため、低所得者でもローンを組んで住宅を購入できるし、いざとなれば転売してローンを返済すればいいのです。さらに、ローン返済後、手許に資金（収益）が残ることも度々あり、住宅の購入・転売を繰り返すことで、所得が増えるという景気の好循環が生まれました。これが、いわゆる住宅バブルです。

　中央銀行（米国はFRB、日本は日本銀行）は、景気が良い時には利上げをし、景気が悪い時には利下げをします。米国では、

FRB（米連邦準備制度）が2004年から2006年6月までの2年間に、なんと17回もの利上げを行いました。それほど、当時の米国景気は絶好調だったのです。

リーマンショックで米国に激震

ところが、米国の住宅価格は2006年頃から陰りを見せ始め（頭打ち）、景気の好循環が崩れ始めていました。すなわち、自宅を売却してもローンを完済できない事態が起こりつつあったのです。FRBが景気の異変を感じて利下げを始めたのは、景気後退局面目前の2007年9月になってからで、米国の住宅バブル崩壊による景気後退を食い止めることはできませんでした。

遂に、2008年9月15日、サブプライムローンの不良債権化により米大手金融機関リーマン・ブラザーズが破綻し、米国の景気後退が顕在化しました。これが「リーマンショック」と呼ばれる出来事で、世界金融危機の象徴です。

NYダウ史上最大の下落

そこで、2008年9月29日、金融機関を助けるため、米国政府と議会（上院）が「緊急経済安定化法案（公的資金で金融機関の不良債券を買い取る法案）」を提案しますが、議会（下院）が否決したことで、世界的な金融不安を招き、この日のNY証券取引所

のダウ平均株価は「史上最大の777ドルの下落」を記録しました。

　結局、否決から4日後に「緊急経済安定化法」は成立しますが、米国政府も議会も、サブプライムローン問題やリーマンショックが世界景気に及ぼす影響を過小評価していた結果と言えます。

出遅れた主要先進国

　米国以外の主要先進国（日本・欧州など）は、米国の住宅バブル崩壊の危機を知らないまま、好景気を理由に利上げを継続していた米国に追随します。日銀（日本銀行）が2007年2月に、ECB（欧州中央銀行）に至っては米国が利下げ開始後の2008年7月に、それぞれ「利下げ」ではなく、「利上げ」を実施したのです。

　各国の中央銀行は、総じて自国の景気後退への対応（利下げ）が後手に回り、各国の株式市場が暴落したことは言うまでもありません。

米国発、日経平均株価一時6000円台

　日本では、1980年代後半に株価39000円台、地価高騰、マハラジャブームなどと言われたバブルが崩壊し、苦水を飲まされた経験から、力量以上に借金をするサブプライムローンはほとんど流行っていませんでした。米国の住宅バブル崩壊は、海の向こうの話と思っていた人も多いはずです。

しかし、2008年6月に14000円台だった日経平均株価は、わずか4ヵ月後の10月のザラ場（取引時間中）で、一時6000円台をつけたのです。まさに米国の住宅バブル崩壊・リーマンショックの影響が、米国だけにとどまらず、日本をはじめとする世界経済にも大きな打撃を与えた結果です。

1-3　日経平均株価

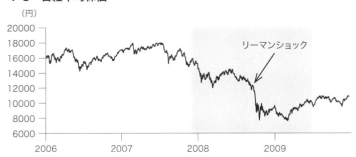

1-4　米ドル円

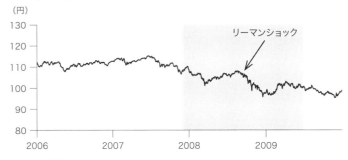

注）シャドーは景気後退局面（NBER）
出所）Bloomberg

2 金利はリーマンショックを知っていた

最初に金利が動いた

　右のグラフで、リーマンショック前後の米国の金利・株式・商品市場の推移を見てみましょう。シャドーは景気後退局面です。

・景気後退局面に突入する前、高値をつけて下落に転じた日

　　金利：2007年6月12日／株式：2007年10月9日／商品：2008年7月2日

・景気回復局面（景気後退局面の終了）を迎える時、安値をつけて上昇に転じた日

　　金利：2008年12月30日／商品：2009年3月2日／株式：2009年3月9日

　どちらの局面でも真っ先に景気の変化に反応したのは「金利」です。

　もし、この金利動向が何らかの「警報」かもしれないとわかっていれば、好景気まっただ中にいても、2006年頃からの住宅価格の陰りがもっと深刻な事態として目に映ったかもしれませんし、サブプライムローン問題が世界景気にもたらす影響の甚大さにもっと早く気づけたかもしれません。

1-5 米国10年金利

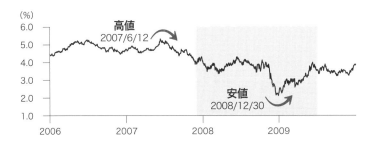

1-6 NYダウ株価

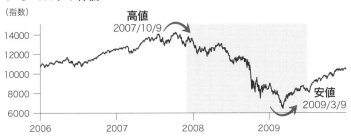

1-7 CRB商品指数

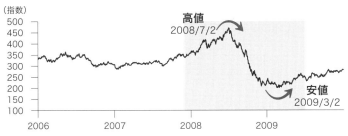

注)シャドーは景気後退局面(NBER)
出所)Bloomberg

金利はやはり「炭鉱のカナリア」だ

ここで、金利に限らず住宅価格だって警報に値するのではないかと思う方もいるでしょう。確かに、2007年12月の景気後退局面の突入時期だけを見れば、警報だったと言えます。しかし、それは当時の米国の好景気が住宅価格の上昇に支えられていたことによる当然の結果でしかありません。<グラフ1-1>の通り、2009年6月の景気回復局面の住宅価格は、警報であるなら本来上昇すべきところ、低迷したままでいました。残念ながら、住宅価格は必ずしも警報になるとは限らないのです。

それに対し、「金利」は、景気の後退局面・回復局面にかかわらず、景気の変化に対し「常に警報」としての役割を担っていたのです。

まさに「金利」こそが、誰よりも早く景気の異変を察知する「炭鉱のカナリア」なのです。

第1章　金利は景気の「今」を表す

上がるのか、下がるのか、知りたいと思いませんか

1　怖いのは下落、避けられないのも下落

　客観的に見れば、投資家心理とは、とてもわかりやすく、また興味深いものです。投資において一番の恐怖は、価格の下落です。

　しかし、<グラフ1-8>からわかるように、景気後退局面では、株式、商品をはじめとするほぼ全ての市場が下落しています。景気が後退したら、価格の下落は避けられません。

　とはいえ、「景気とは循環する」もので、良い時もあれば悪い時もあると誰しもわかっています。しかし、いざ投資を始めると、買った直後に相場が下がった（高値つかみ）、売った（損切り）直後に相場が上がったという苦い経験があるはずです。損切りせずにじっと待てばいつか相場は戻るとわかっているのに、いつ戻るかはっきりしない不安と含み損が増え続ける心理的プレッシャーに勝てない結果です。

1-8 リスク性資産市場の価格推移

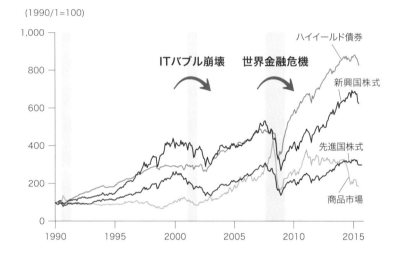

先進国株式(MSCI World)、新興国株式(MSCI EM)、商品(S&P GSCI)、ハイイールド(BOAメリルHY) （全て米ドルベース）
注) シャドーは景気後退局面(NBER)
出所) MSCI、S&P、Bloombergから作成

　心がけるべきは、いかに損を少なくするか、です。

2　景気のセンチメントを知る

　それなら、景気の後退を予測し、できる限り高値つかみを避け、買い場・売り場を探りたいと思いませんか。もし損をしても最小

限で済みます。そのためには、まず、今が景気のサイクルのどこに位置するのかを把握することです。今がわかれば、次が予測できます。

景気の「気」は気持ちの「気」です。要は、センチメント（市場心理）が景気に表れます。

例えば、本屋の経済コーナーで新刊本のタイトルを見てみてください。「デフレ」「崩壊」等、経済にとってマイナスとなる言葉が目立つなら、景気は悪いはずです。ここ最近は、「FX」「割安（大化け）株」等、投資のノウハウ本が並び、投資意欲の高まりを感じます。景気が回復し始めているのです。だんだんと、「日経平均4万円」等、景気を楽観視する言葉が溢れ始めたら景気はピークです。そして「撤退」等で景気減速を感じ、いずれ「デフレ」「崩壊」等のタイトルに戻ります。本のタイトルから景気を感じることができるのです。

金利は、より正確にセンチメントを表します。金利動向から今の景気を把握すれば、きっと投資での大きな失敗を回避できるはずです。

ABOUT THE ECONOMY, INVESTMENTS AND INTEREST RATES

「経済指標」で
景気を判断しようと
していませんか

1 改定される経済指標

　経済指標は、各国政府や中央銀行が発表する経済に関する統計
で、経済状況を構成する要因（物価、金利、景気、雇用、貿易な
ど）を数値化したものです。これらは経済の状況や変化を把握す
るために重要な指標です。

　しかし、経済指標から今の景気を判断するのは、意外に難しい
のです。なぜなら、米国GDPや雇用統計など、①発表時期が遅
い（既に過去のデータ）、②速報 → 改定 → 確定と数値が何度も
修正される、という指標が多いからです。それらは、今までの景
気・経済を確認・判断する上では非常に有効ですが、分析に時間
を要する、分析結果で見解が分かれるなど、残念ながら「今」を
反映しにくいという特徴（難点）があるのです。

　もちろん、今の景気を判断する上で有効な経済指標もあり、米

国の「ISM製造業景況指数」はその１つです。これは、のちほど
本書に何度も登場します。

　つまり、経済指標は、判断したい景気・経済によって、指標を
使い分け、分析する技術を要する専門性の高いデータなのです。

解説

▶ データが修正される経済指標の例

米国GDP（実質国内総生産）

「一定期間の間に国内で生み出された物・サービス等の付加価
値の合計金額」と言われ、名目GDPと実質GDP（名目GDP
から物価変動の影響を除いたもの）があります。GDPデフ
レーター（名目GDP ÷ 実質GDP）のプラス率が大きければイ
ンフレ、マイナス率が大きければデフレを意味します。発表は
国により多少異なりますが、四半期ごとに速報値が発表され、
１ヵ月後に改定値が、更に１ヵ月後に確定値が発表され、速報
から確定まで２ヵ月もかかります。

失業率や非農業者就業者数などの米国雇用統計

　全米において、家計や40万件程度の企業や政府機関を対象
に調査した雇用に関するデータで、金融政策の決定において重
視される指標の１つです。これらは、翌月第１金曜日に速報と

して発表され、1ヵ月後に改定されますが、毎年1月には前年の改定されたデータに対し更に年次改定（12ヵ月分が一斉に変更）が行われます。いずれの改定も、その改定幅が大きいこともしばしばあります。金融市場は特に最初公表される速報値で一喜一憂させられます。

2 　金利は景気の「今」を表す

　金利は、その種類に関わらず、いずれも、①日次でデータの取得ができる（速報性）、②データが改定されない（確実性）、ことに加え、③個々の企業の影響を受けやすい株式などと違い個別要因が少ない、ことから「今」を反映しやすいという特徴があります。

　つまり、金利は、経済指標に比べてシンプルでわかりやすく、過去はもちろんですが、「今」の景気を判断することに非常に適したデータなのです。

第 2 章

3つの金利で
景気は予測できる

ABOUT THE ECONOMY,
INVESTMENTS
AND INTEREST RATES

ABOUT THE ECONOMY, INVESTMENTS AND INTEREST RATES

1つ目の金利
政策金利（短期金利）

　景気の予測に使う金利は３つだけです。

　とはいえ、３つの金利の説明には、多少なじみの薄い言葉が出てきます。ですが、これだけは覚えてください。この３つを理解し、組み合わせれば、景気が見えてくるはずです。

1　中央銀行に支払う金利

　金利には、「短期金利」と「長期金利」があります。

　短期金利は、一般的には期間が１年未満の金融資産の金利を言い、政策金利は、短期金利の１つです。

「政策金利」とは、中央銀行（米国：FRB、日本：日本銀行等）が金融政策によって市場金利を誘導する目標となる基準金利と言われますが、簡単に言うと、中央銀行が一般の銀行に融資を行う際に受け取る金利のことです。ちなみに、日本では2006年まで公定歩合と言われていました。

2 金融政策とは政策金利の変更

　金融政策とは、中央銀行が、景気を安定的に拡大させるため、政策金利を変更し、市中に出回るお金の量（通貨供給量）を調節することです。中央銀行は、景気が良いときには、政策金利を上げて通貨供給量を減らし、景気が悪いときには、政策金利を下げて通貨供給量を増やします。言い換えれば、金利を高くして、お金を借りる人を減らしたり、金利を低くして、お金を借りる人を増やしたりするのです。

　この政策金利を引き上げることを「利上げ（金融引き締め）」、引き下げることを「利下げ（金融緩和）」と言います。つまり、政策金利は、金融政策の影響を大きく受けます。

　本書において、「短期金利」とは、「政策金利」を意味することとします。

3 日常生活で金融政策を感じる

　預金やローンの利率など、私達が普段接している金利で、期間の短いものについては、この政策金利が基準の１つとなります。また、時期によってその利率が上下するのも、政策金利が上下することが理由の１つです。私達も、日常生活の中で、知らず知らずのうちに金融政策の影響を受けているのです。

2-1 金融政策のイメージ

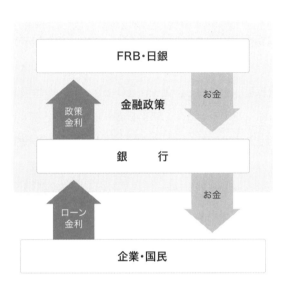

景気	金融政策		ローン・預金利率
	政策金利	市中に出回るお金 (通貨供給量)	
景気が良い	上げる	減る	上がる
景気が悪い	下げる	増える	下がる

第2章　3つの金利で景気は予測できる

2つ目の金利
10年国債利回り（長期金利）

1 「債券」とは期間・利率を定めた資金調達の1つ

　短期金利が、期間を1年未満とするのに対し、長期金利とは、一般的には期間が1年以上の金融資産の金利をいい、10年国債利回りは、長期金利の指標の1つです。

　債券とは、国や企業が、期間や利率を決めて、一般投資家から資金調達をするために発行するものです。そして、10年国債とは、国が10年間利率を決めて発行する債券のことです。

2 10年国債利回りは10年の基準金利

　10年国債利回りとは、債券市場における10年国債の流通利回りのことで、流通利回りとは、債券市場で債券を購入し、満期まで保有し続けた場合の1年あたりの利回り（%）です。簡単に言え

ば、流通利回りは、債券の収益率のようなもので、10年国債利回りは、国が今日から10年間資金調達をする場合のコストであり、期間約10年の市中金利の基準とも言えます。

債券と言うと難しく聞こえますが、流通利回りには、債券を構成する発行体（債券の発行者）、価格、利率（クーポン）、年限（期間）などの要素がすでに盛り込まれているので、債券の価格と利率の関係など面倒なことを考える必要はありません。いわば、流通利回りはお金を借りるときに支払う金利だと考えて下さい。

政策金利が、金融政策の影響を大きく受けるのに対し、10年国債利回りは、低コストで資金調達ができるか等の長期資金の需要・供給、いわゆる景気の影響を大きく受けます。

政策金利の時と同様に、期間の長いローンや預金の利率は、ほぼ同じ期間の国債利回りが1つの基準となります。

本書において、「長期金利」とは、「10年国債利回り」を意味することとします。

第2章　3つの金利で景気は予測できる

3つ目の金利
「社債利回り」について

1 社債と国債は発行体の違い

　社債は、国債同様、債券の1つです。

　国債は、国が発行する債券であるのに対し、社債とは、企業が発行する債券のことです。

　社債利回りとは、債券市場におけるその社債の流通利回りのことで、企業が今日資金調達をする場合のコストです。国債の発行体はその国のみですが、社債の発行体は企業となるため、企業ごとに社債は存在し、それぞれ流通利回りは異なります。

2 同年限で浮き出る信用力の差

　流通利回りには、債券の構成要素が全て盛り込まれているため、同年限で発行体が異なる社債を比べた場合、社債利回りの差は、

41

発行体となる企業の信用力の差と考えられます。「信用力」とは、満期が来たら借りたお金をきちんと返済できるか、定期的に利息を支払えるか、という返済（支払）能力ことです。要は、同年限なら、相対的に信用力が高い発行体の社債利回りは低く（調達コストが低い）、信用力が低い発行体の社債利回りは高く（調達コストが高い）なります。

つまり、企業の信用力が社債利回りに大きく影響します。

3 信用力は企業より国債が上

一般的に、国はその国の企業より信用力が高いとされますので、同年限なら、国債利回りは社債利回りよりも低くなります。

債券の発行体ごとに信用力を公平に評価し、調達コストとして数値化されたものが、債券の流通利回りとも言えそうです。

2-2 発行体の違いによる信用力

発行体	信用力	流通利回り
国	一番高い	一番低い
企業1	高い	低い
企業2	まあまあ高い	まあまあ低い
企業3	低い	高い

4 私たちも信用力を使っている

　実は私達も、何気なくこの信用力を使って生活しています。例えば、お金を誰に貸すか、です。突然、誰かにお金を貸してと言われたら、きちんと返してもらえるだろうかと不安が頭をよぎります。でも、銀行になら深く考えずにお金を預けます。「預金で利子が付く」とよく言いますが、言い換えると「銀行にお金を貸して利子を受け取る」ということです。絶対ではありませんが、銀行なら、きちんと利息を払ってくれるし、必要な時にはお金を返してくれると、無意識に銀行の信用力を高く評価しているのです。

解 説

▶ 格付けも信用力を公平に評価

　信用力を公平に評価するものとして、金融市場が決める債券の流通利回りを紹介しましたが、もう1つ、格付け会社が決める「格付け」があります。

格付けとは通信簿

　格付けとは、信用格付けとも言われます。

　格付け会社が、主に政府（国）・企業の長期的な債務の返済能力（デフォルトの確率やその影響）を分析し、その信用力をABC等簡単な記号で示したものです。

　主な格付け会社として、ムーディーズやS&Pがあります。そのうち、ムーディーズは、信用力をAaa（最高）〜C（最低）まで9段階に分け、更に段階ごとに3（高い）〜1（低い）を組み合わせることで、2015年12月現在、米国をAaa、ギリシャをCaa3などと格付けしています。米国は信用力が非常に高く、ギリシャは信用リスクが高いという意味です。

　債券の流通利回りは日々変わりますが、格付けは格付け会社が改定するまで変わりません。

成績優秀者には低金利というご褒美がある

　格付けが高い企業は、低い金利で資金調達ができますが、格付けが低い企業には、それ相応の金利が求められます。

　国債と社債の利回りの差、そして企業の違いによる社債利回りの差は、まさしく発行体となる国や企業の格付けの差が反映されたものです。企業の個別要因により資金調達コストが変わるので、同じ格付けでも債券の流通利回りに差が生じます。

COLUMN 1

ファンドマネージャー（FM）の条件

「FMで成功するには何が必要ですか？」という質問を受けることがよくあります。成功の定義は人によって異なりますが、私は少なくとも次の３つが必要だと答えます。

　①市場見通しが正しいこと

　②運用実績が優れていること

　③周囲から信頼されること

　これは私の経験からも言えることですが、①見通しが正しくても、②運用が上手くいかないこともあります。また、せっかく①②が揃っているのに、③周囲から信頼されないFMもいます。この３つの条件が揃ったFMになるのは、なかなか難しいことです。

　私自身もいまだにFMで成功したと言えるレベルに至っていないと思いますし、ましてや駆け出しFMの頃は失敗続きでした。ですので、FMを目指す方々に、私がFMを続けたいと思ったきっかけをお話しすることで、誰もが経験するだろう失敗を乗り越えていただければと思います。

第 3 章

景気サイクルと
金利の関係

ABOUT THE ECONOMY,
INVESTMENTS
AND INTEREST RATES

ABOUT THE ECONOMY, INVESTMENTS AND INTEREST RATES

景気には
3つのサイクルがある

さて、ここからが本題です。

景気にはサイクルがあります。季節が巡るように、景気も良い時・悪い時を繰り返しますが、そのサイクルにはある一定の法則が見え隠れしています。3つの金利を使って、景気のサイクルを見ていきましょう。

1 ISM製造業景況指数は50が基準

ISM製造業景況指数とは、ISM（全米供給管理協会）が発表する製造業の景況感を示す指標の1つで、米国の主要指標の中で最も発表が早く（当月分を翌月第1営業日に発表）、景気転換の先行指標として注目されています。

＜グラフ3−1＞の通り、ISM製造業景況指数の推移は、米国景気の良し悪しを表し、指数50を基準として、50を上回ると景気拡大、50を下回ると景気後退を意味します。簡単に言えば、指数が

50より上の場合は景気が良いと感じる人が多く、50より下の場合は景気が悪いと感じる人が多いということです。シャドーは景気後退局面ですので、当然グラフは50を下回って推移します。

3-1　米国景気サイクル（ISM製造業景況指数）

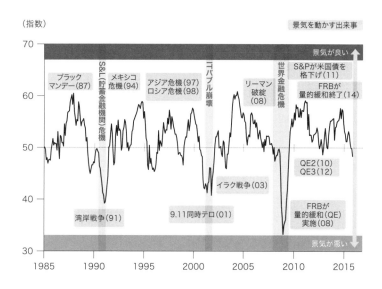

注）シャドーは景気後退局面（NBER）
出所）FRB、St Louis連銀（FRED）

ABOUT THE ECONOMY, INVESTMENTS AND INTEREST RATES

2 見えてくる3つの景気サイクル

　＜グラフ3-2＞の通り、景気のサイクルを探してみると、まず、「景気後退局面であるシャドーからシャドーまで」の大サイクル（　　）がすぐ見つかります。次に、大サイクルの中に、「景気がかなり良くなったのに、指数50または50割れに戻る」中サイクル（　　）と、「景気の小さめの波を感じる」小サイクル（●から●）の2つのサイクルが見えてきます。（サイクルが見える順番は問題ではありません。）

　大サイクルは「信用サイクル」、中サイクルは「金融政策サイクル」、小サイクルは「在庫サイクル」と呼ばれ、その名の通り、信用力、金融政策、在庫状況がそれぞれのサイクルを引き起こす要因となります。

金融政策と信用力が景気を動かす

　景気の大きな波は、金融政策サイクルと信用サイクルで作られています。よって、この2つのサイクルを理解すれば、景気を予測する大きなヒントになります。金融政策サイクルは、本章の「金利から景気後退局面を予測する」（P59）で、また、信用サイクルは「第4章　信用サイクル」で詳しく説明します。

3-2　米国景気サイクル（ISM製造業景況指数）

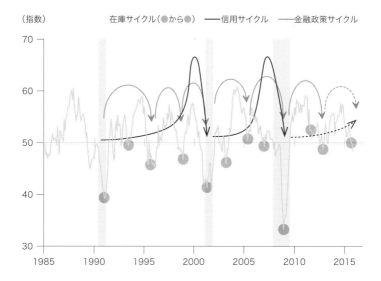

注）シャドーは景気後退局面（NBER）
出所）FRB、St Louis連銀（FRED）

3 サイクルは10年・5年・2年半

ここで、景気における3つのサイクルの特徴を簡単に説明しておきます。

信用サイクル

景気と企業の信用力（財務面から見た健全性）の関係を表します。概ね10年のサイクルで、「調達金利の低下（景気上向き）→ 借入拡大 = 信用悪化 → 調達金利の上昇（景気下向き）→ 借入縮小 = 信用回復」を繰り返します。

3-3　10年サイクル

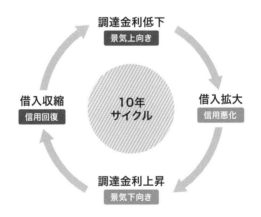

金融政策サイクル

　景気と金融政策の関係を表します。概ね5年のサイクルで、「景気回復 → 金融引き締め（利上げ）→ 景気減速 → 金融緩和（利上げ）」を繰り返します。

　景気が良い時には、株の配当金が増えた、ボーナスが増えた、ローン金利が上がった等と感じるはずです。しかし、良い時期はずっとは続かず悪い時期が訪れるのが世の常です。私たちが一番身近に感じる景気の良し悪しやその移り変わりを表すのが金融政策サイクルと言えます。

3-4　5年サイクル

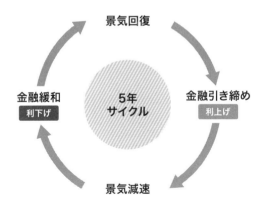

在庫サイクル

　景気と生産(出荷)・在庫の関係を表します。概ね2.5年のサイクルで、「売行き好調での在庫の減少(景気回復) → 生産増による在庫の増加 → 売行き不振による在庫の増加(景気減速) → 生産減による在庫の減少」を繰り返します。

　この在庫の増減は、食品や衣料品など日常生活の買い物で多少は経験しているので、イメージが沸きやすいはずです。商品が人気で品薄になると、生産を拡大します。人気が薄れると売行き不振で在庫は残り、生産縮小やセールで在庫が減るという流れです。

3-5　2.5年サイクル

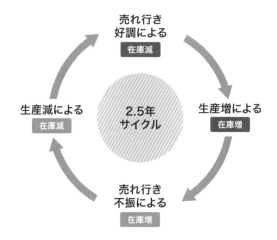

世界は米国に追随する

1 景気サイクルは米国から始まる

　世界には、米国や英国のような消費国と、日本、ドイツ、中国のような輸出国があります。消費国は、国内での消費量が多いため、エネルギーや財（商品）の不足分を他国から輸入します。そのため、消費国が、どれだけ輸入するかで、輸出国の景気が潤ったり、落ち込んだりします。

　現在、米国が最大の消費国であり、また貿易赤字国（輸出よりも輸入が多い国）でもあるので、米国の景気が良くなればなるほど輸入は増え、輸出国の景気が良くなります。逆に、米国の景気が悪くなり輸入が減ると、その余波を受けて輸出国の景気が悪くなります。

　＜グラフ3−6＞は、米国とドイツのGDPの推移ですが、まるで、ドイツが米国の後を追うように動いています。

米ドルが世界の「基軸通貨」と言われるように、世界の先頭に米国がいます。すなわち、米国を知らなければ、世界は見えてこないと言っても過言ではありません。

3-6　米独GDPの推移（前年比）

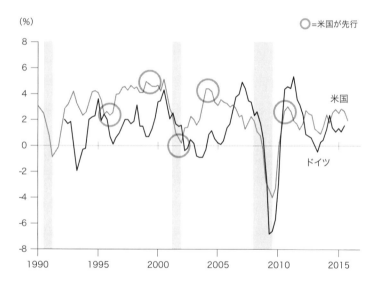

注）シャドーは景気後退局面（NBER）
出所）Bloomberg

解 説

▶ 基軸通貨とは

　世界の貿易や金融の取引で中心的な地位を占める通貨のこと
です。通貨を決める明確な決まりはなく、通貨価値の安定性は
もちろん、通貨発行国の経済規模、金融市場の充実度、政治力、
軍事力を総合的に判断されます。結果、売買したいときに常に
取引相手が見つかる安心感がある通貨が自然と基軸通貨となり
ます。以前は英ポンドで、現在は米ドルです。

2　プラスする各国の事情

　米国は、身近にたくさんのデータが存在し、情報が手に入れや
すく、通貨の動きがわかりやすい国です。また、景気の発信源だ
からこそ、景気を判断しやすい国です。

　しかし、米国の影響を受ける他国には、米国との関係、データ
が揃わない、通貨価値が違う、政策が違う、等々、それぞれ事情
というものがあります。他国の景気を考える時は、まず先頭に
立っている米国の景気を判断した上で、後に続く各国の事情をプ
ラス（またはマイナス）してみましょう。

ABOUT THE ECONOMY, INVESTMENTS AND INTEREST RATES

そこでまず、第3章、第4章で米国の景気を把握し、第5章以降で米国と世界の景気の関係を詳しく説明します。

3-7 世界の並び

第3章　景気サイクルと金利の関係

金利から
景気後退局面を
予測する

1　金融政策サイクルには四季がある

　ここでは、３つの金利のうち、２つを使います。「短期金利
（政策金利）」と「長期金利（10年国債利回り）」を組み合わせて、
金融政策サイクルから米国の景気を考えていきましょう。

　金融政策サイクルには大きく４つの局面があり、それは日本の
四季ととてもよく似ています。その季節のイメージ通り、春は景
気に明るい兆しが見え、夏に盛り上がっていたら、気づくと秋、
肌寒さを感じ始め、まもなく凍える冬が来るという感じでしょう
か。そして、また、柔らかな日差しのもと春が訪れます。

　季節ごとに、長期金利と短期金利の特徴をまとめてみました。
ここでのポイントは３つです。＜図3−8＞と＜表3−9＞を照らし
合わせながら、ゆっくり確認してみてください。

3-8 四季の移り変わり

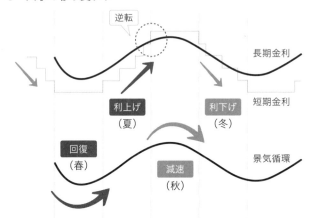

3-9 四季の特徴

局面		春	夏	秋	冬
景気循環	景気	回復	過熱	減速	後退
景気循環	金融政策	様子見	利上げ	様子見	利下げ
金利の動き	短期金利	横ばい	上昇	横ばい	低下
金利の動き	長期金利	上昇	緩やかな上昇	低下	緩やかな低下
長短金利差	(長期-短期)	拡大	縮小	縮小	拡大

2 ポイント1：長期金利は短期金利の先を行く、景気の「バロメーター」

まず動くのは長期金利

　春に長期金利が上昇すると、夏に短期金利が上昇します。また、秋に長期金利が低下すると、冬に短期金利が低下します。

　その理由は、第2章でお話ししたとおり、短期金利は金融政策によって変動するのに対し、長期金利は景気や資金需要に影響を受けて変動することが原因です。それぞれ影響を受ける季節が1つ違うため、金利が動く季節にも1つ、違い（ズレ）が生じるのです。

短期金利はじっくり慎重派

　利下げ・利上げという金融政策の変更は、国全体の金利水準を変えてしまい、市場金利への影響が大きいため、景気を確認しながら慎重に行われます。短期金利というのは、景気が悪そうだからすぐに利下げしよう、景気が良さそうだからすぐに利上げしよう、というわけにはいきません。

　特に、景気の底（冬 → 春）または天井（夏 → 秋）といった大きな節目では、中央銀行は、経済指標等を分析し景気が本当に底を打ったのか、本当に減速し始めたのかを時間をかけて確認す

るため、金融政策の転換（利下げ ←→ 利上げ）を決断するまでの間、短期金利を動かせない（金融政策の様子見）時期が生まれます。それが春と秋で、その時期、短期金利は横ばいとなります。

長期金利は敏感かつ行動派

長期金利は景気の変化に敏感で、素直に反応します。春に景気が回復し始めると資金需要が高まるため、長期金利は上昇し、逆に、秋に景気が減速し始めると資金需要は減退するため、長期金利は低下します。

景気の変化と並走する長期金利は、景気の変化を見極めるまで動かない短期金利に対し、先行して動くことになります。経験的には、金融政策の様子見期間は1年程度であることが多く、長短金利の動きにも1年程度のタイムラグが生じると考えられます。

まさに長期金利は、景気の今を表す「バロメーター」と言えるでしょう。

夏の終わりに逆転現象

また、この＜図3-8＞を見ると、短期金利が長期金利を上回る（逆転）状態が見られます。これは、夏の終わりに起きる現象で、冬を予測する上で重要な意味を持っています。これについては、P64の「ポイント3」で改めてお話しします。

第3章 景気サイクルと金利の関係

3 ポイント2：長短金利差は景気の「先行指標」

長期金利 − 短期金利 ＝ 長短金利差

　長短金利差とは、文字通り2つの金利の差で、長期金利から短期金利をマイナスして求めます。通常、長期金利は短期金利よりも高く、ほとんどの期間はプラスで推移します。

　この長短金利差の変化は、「ポイント1」でお話しした「長期金利が短期金利に先行して動く」ことからもたらされます。

夏の縮小は秋の気配

　春、慎重派の短期金利はじっと動かず、行動派の長期金利は上昇を始めるため、長短金利差は拡大します。

　夏、やっと夏を確認し、短期金利が動きます。「利上げ」です。長期金利は、短期金利に少し追いつかれる感じで、夏に長短金利差は縮小します。

　長短金利差が縮小し始めたら、景気が減速する（秋が近い）サインです。

冬の拡大は春の雪解け

　秋、慎重派の短期金利が動けない中、長期金利は低下を開始します。長短金利差の縮小です。

冬、やっと冬を確認し、短期金利が動きます。今度は「利下げ」です。冬に、縮小していた長短金利差は拡大します。

長短金利差が拡大し始めたら、景気が回復する（春が近い）サインとなります。

長短金利差は予言者

長短金利差は、長短金利の動きの違いから、季節の移り変わりを知らせてくれます。まさに、景気の「先行指標」です。

4　ポイント3：長短金利差がマイナスになったら冬接近

長期金利は寒さに敏感

夏、利上げで短期金利は上昇します。そして、慎重派の短期金利は上昇したまま、しばらく動きを変えることができません。

夏とはいえ、景気に対し敏感な長期金利は、遠くに冬（利下げ）の気配を感じると、さっそく低下し始めます。

それ故、夏から秋へ季節が変わるとき、長短金利は逆転します。

夏の逆転現象は悪い予感

金融政策の引き締め局面（夏）で長短金利差がマイナスになったら、引き締め（利上げ）は終了し、景気減速局面（秋）が到来

第3章　景気サイクルと金利の関係

したことを意味します。あるいは、景気後退局面（利下げ・冬）が近いというサインと捉えても良いでしょう。

5　過去のデータで検証

〜長短金利は本当に景気と関係しているか

　＜グラフ3-10＞から＜グラフ3-12＞は、米国の短期金利、長短金利差、景気サイクル（ISM製造業景況指数）の推移です。金融政策で色分けし、シャドー部分は冬と春（利下げ維持）から、白の部分は夏と秋（利上げ維持）としました。

　なお、グラフ内の「政策金利（QE考慮）」は、マイナス水準もあり得ると仮定した場合の政策金利です。

解説

▶「政策金利（QE考慮）」とは

　アトランタ連邦準備銀行（米連邦準備銀行の1つ）が発表している「シャドーレート」と呼ばれるデータで、政策金利がマイナス水準にも変動すると仮定した状態で、FRBが行う量的緩和政策（略してQE）などの効果も反映させた仮想政策金利のこと。米国のように、FRBがゼロ金利政策（政策金利0％〜0.25％）を継続中にQEをいくら行っても、政策金利が0％

65

未満にならない時に、実質的な金融政策の効果を把握する手段としてこの仮想政策金利を用います。

▶「量的緩和政策」とは

金融政策の1つで、利下げではなく、市中に出回る資金量を増やすこと（＝量的緩和）を目標とした手法。ゼロ金利政策中は、景気刺激やデフレ脱却などのため、この手法を用いることがあります。量的金融緩和政策とも言われます。

長短金利差の方向転換で季節が変わる

利下げ（冬）が終わり、利上げ（夏・短期金利上昇）が始まると、まず長短金利差が縮小（夏・秋）し、次いで景気が過熱（夏）から減速（秋）へと移り変わります。

逆に、金融政策が利上げ（夏）から利下げ（冬・短期金利低下）に転換すると、まず長期金利差が拡大（冬・春）し、次いで景気が後退（冬）から回復（春）へと移り変わっています。

夏の悪い予感が的中

利上げ局面が終了する（夏 → 秋）頃には、長短金利差がマイナスになっています。その後、景気後退局面（冬）が訪れます。

ちなみに、米国以外の先進国でも同じ現象が見られます。

第3章 景気サイクルと金利の関係

3-10 米国の長期・短期金利の推移

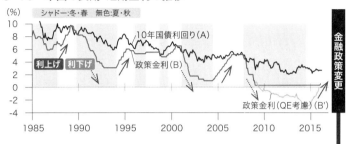

3-11 米国の長短金利差の推移

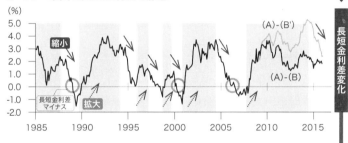

3-12 米国の景気サイクル(ISM製造業景況指数)

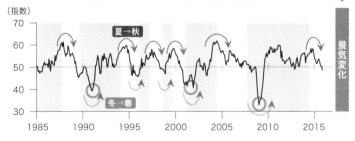

注)政策金利(QE考慮後)はアトランタ連銀算出のシャドーレート
出所)FRB、St Louis連銀(FRED)、Atlanta連銀

ABOUT THE ECONOMY, INVESTMENTS AND INTEREST RATES

長短金利差は景気を知る大きな手がかり

　過去のデータから、概ね＜図3-8＞＜表3-9＞の通り、景気と長短金利は一定の法則で循環することが確認できました。

　長期金利が景気の「バロメーター」であり、長短金利差が景気の「先行指標」であることを念頭におけば、長短金利差の動きから、景気の動向をかなりの確率で予測していくことができます。

6　長短金利差1％割れは注意、0％割れは警告

長短金利差は景気の道しるべ

　＜グラフ3-13＞は、長短金利差とISM製造業景況指数と重ね合わせたものです。長短金利差がボトム（最下値）を付けると、景気後退局面が訪れ、ISM製造業景況指数がボトムを付けています。さらに、過去のデータから、長短金利差とISM製造業景況指数の関係には、注目すべき具体的数値が現れます。

見逃すな、1％と0％割れ

　①長短金利差の1％割れは、

　　ISM製造業景況指数の50割れを懸念すべき。

　②長短金利差の0％割れは、

　　景気後退局面入りの可能性大、1年後に要注意。

第3章 景気サイクルと金利の関係

　景気後退局面を予測したいなら、長短金利差の動向を追うのが有効な手段の1つです。

3-13　長短金利差と景気循環

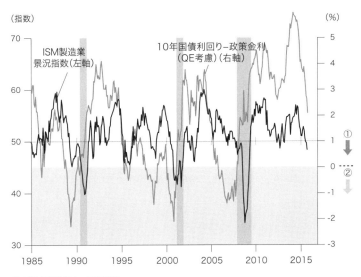

① 長短金利差縮小＝景気減速
② 長短金利差逆転＝景気後退懸念

注）シャドーは景気後退局面（NBER）
出所）FRB、St Louis連銀（FRED）、Atlanta連銀

COLUMN 2

駆け出しFM時代　その1

　平成元年（1989年）、債券運用の見習いFMとして社会人のスタートをしました。

　当時の運用を取り巻く環境は、今とは随分異なっていました。流動性のある世界の国債市場において、今では高格付けのカナダや北欧債券は、財政や金融危機を背景に高利回りで取引されていました。ほとんど欧州債務危機時の南欧債に近い状態です。また、金融情報のベンダーや分析ツールも、今と比べものにならないほど整備されていませんでした。

　見習いFMとして少しのポジションを持たせていただきましたが、パフォーマンスはなかなか上がりませんでした。経済指標を予測して発表前にポジションを取るのですが、経済指標の予測が外れたり、たとえ予測が正しくても市場が予想と反対の方向に動くことも度々ありました。

第 **4** 章

信用サイクル

ABOUT THE ECONOMY,
INVESTMENTS
AND INTEREST RATES

ABOUT THE ECONOMY, INVESTMENTS AND INTEREST RATES

なぜ10年に1度、
世界的金融危機が
起こるのか

1　銀行が融資するか、それが信用サイクル

　局面としては、①リスクオン、②レバレッジ、③リスクオフ、
④財務緊縮の4つに分けられ、概ね10年のサイクルで繰り返され
ます。

①リスクオン局面　「喜んで貸します」

　景気が上向きで企業のデフォルト率が低く、銀行にとって融資
環境は良好。融資によって金利収入を高めたい銀行と、業績見通
しが明るく、大型の設備投資を行うなど資金需要が高まる企業の
ニーズが一致し、最終的には銀行の貸し出し競争（企業の借り入
れ競争）が始まる。これにより景気が上振れする時期。

②レバレッジ局面 「少し不安、でも貸します」

銀行の融資姿勢に変化はないが、借入が増大した企業の信用力が低下し始める時期。銀行は、銀行ローン（企業への融資）を商品化した金融商品を転売することで、自身が負うべき融資先リスク（貸し倒れリスク）を逃れることも。

例えば、近年開発されたCDO・CLO等の金融商品の残高が増加するのもレバレッジ局面の特徴。

③リスクオフ局面 「検討しましたが、残念です」

銀行の融資姿勢は完全に消極化。企業の業績悪化を招き、今までの反動から景気は大きく下振れする時期。

④財務緊縮局面 「元気になったら、また」

企業が借入金を返済することで財務状況を見直し、信用力を回復することで、新たにリスクオン局面を迎える準備を整える時期。

4-1 信用サイクル（4つの局面）

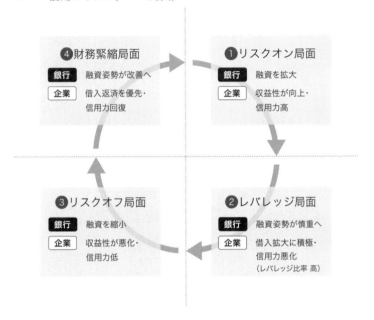

解説

▶ 銀行決算で信用サイクルを読み取る

銀行には収益ポケットがある

　銀行は、収益を上げるいくつかの収益源（ポケット）を持っています。米銀は四半期毎に決算を発表していますが、その期の収益がどのポケットから計上されているかを見れば、現在、

信用サイクルのどこに位置するかを判断するヒントになります。

　見るべき主なポケットは、「金利収入（融資残高×利ざや）」「引当金」「その他（非金利収入や費用）」の３つです。

各局面で頼るポケットとは

①リスクオン局面：「引当金の戻し」と「金利収入の増加」

　景気回復に伴い企業の信用力や住宅ローンの担保となる不動産価格が回復し、銀行ローンのデフォルト率も低下。過去の景気後退局面で不良債権化に備えた「引当金」の戻しが収益を牽引。加えて、融資残高の拡大に伴い「金利収入」も増加。

②レバレッジ局面：「非金利収入の増加」

　証券、保険、投資信託の取次手数料やM&A仲介など銀行本業以外の部分である「非金利収入」が増加。

③リスクオフ局面：「費用の削減」

　融資残高の減少による「金利収入」の減少、不良債権増に伴う「引当金」の増加など銀行の収益サイクルで最も厳しい局面。唯一、人員リストラなどによる「費用」の削減が増収要因。

④財務緊縮局面：「金利収入の増加」

　利下げによる長短金利差の拡大から、貸出金利と預金などの調達金利の差（利ざや）も拡大。「金利収入」が回復へ。

ABOUT THE ECONOMY, INVESTMENTS AND INTEREST RATES

銀行CEOのコメント

　決算発表時の質疑応答は、各行CEOが銀行融資の状態を示す発言をする場合があり、毎回注目されています。2015年第3四半期（7–9月）決算時は、米銀CEOから「企業向けの貸出競争が激化しており、融資姿勢を一部厳格化した」「商業向け不動産向け融資でも採算性を考慮した結果、一部で見送り」など、レバレッジ局面が進んでいることを裏付けるコメントがありました。

　銀行CEOの発言は、決算書とともに信用サイクルを判断するヒントになります。

2　約10年に1度、景気は地に落ちる

融資の消極化が景気後退を呼ぶ

　信用サイクルは、銀行の融資姿勢のサイクルです。＜グラフ4－2＞＜グラフ4－3＞でわかるとおり、約10年に1度の景気後退局面では、銀行の融資姿勢が消極化した結果、企業は資金調達しにくくなり、デフォルト（倒産）率が高まります。

第4章 信用サイクル

4-2 米国の銀行融資姿勢

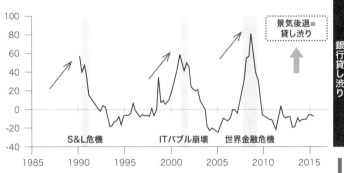

4-3 米国の商工業ローンの貸倒償却率

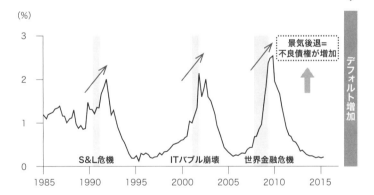

注）シャドーは景気後退局面（NBER）
出所）FRB、St Louis連銀（FRED）

ABOUT THE ECONOMY, INVESTMENTS AND INTEREST RATES

3つのサイクルが合体して負の威力増強

リスクオフ局面から突然始まる銀行の融資姿勢の消極化は、企業を慌てふためかせ、実態以上に景気がズドンと落ち込みます。

信用サイクル（10年）の一番悪い時に、金融政策サイクル（5年）と在庫サイクル（2.5年）が重なると、世界を巻き込む危機が起こります。

つまり、約10年に１度、シャドー部分で示した「S&L危機」「ITバブル崩壊」「世界金融危機」のような深い景気後退局面が生まれるので、３つのサイクルの合致時期には要注意です。

鍵を握る３つ目の金利

この10年に１度の危機を予測し、避けることが、投資成功のポイントの１つです。しかしながら、銀行の融資姿勢を日々データで追うことはできません。

信用サイクルの局面を知るためには、社債利回りを使います。

第4章　信用サイクル

社債スプレッドは
信用サイクルを物語る

1　社債利回り − 国債利回り ＝ 社債スプレッド

　社債スプレッドとは、同年限の社債利回りから国債利回りをマイナスした数値（％、またはbp）です。

　ここでは、「10年社債利回り」−「10年国債利回り」＝「社債スプレッド」とします。

2　景気が悪いと社債スプレッドが拡大

　特に景気後退局面では、企業に対し銀行の融資姿勢は厳しくなることから、格付けの低い企業ほど、社債利回り（資金調達コスト）が高くなります。その上昇幅は格付けごとに違いますが、いずれにしても、社債スプレッドは拡大します。

　逆に、景気が良い時は企業の信用力が上昇するので、資金調達

コストが低下し、社債スプレッドは縮小します。

この拡大・縮小が概ね10年サイクルであることから、社債スプレッドは、信用サイクルを把握するための効果的な指標と言えます。

4-4　格付け毎の社債スプレッド推移

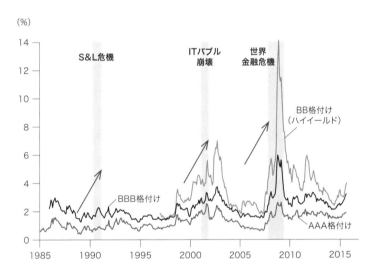

社債スプレッド:AAA格、BBB格(ムーディース)、BB格(BOAメリル)でいずれも10年債
注)シャドーは景気後退局面(NBER)
出所)FRB、St Louis連銀(FRED)

社債スプレッドで景気後退を予測する

<図4-5>は、「銀行の融資姿勢」「企業の財務状況」「社債スプレッド」「株価」の関係をまとめたものです。

4-5　信用サイクル（銀行、企業、社債、株価の関係）

出所）筆者作成

ABOUT THE ECONOMY, INVESTMENTS AND INTEREST RATES

1 企業財務の健全性（安全性）を測るレバレッジ比率

マンション購入、自己資金とローンはそれぞれいくら？

　レバレッジ比率は、負債比率とも呼ばれ、自己資本（株式等）に対する他人資本（負債＝借入）の割合を言います。

　自己資本とは、返済の必要のない資金のことで、他人資本は返済の必要がある資金です。

　レバレッジ比率（％）＝（他人資本÷自己資本）× 100

　例えば、不動産を購入する場合、自己資金に対して、ローン（借金）の割合はいくらか、ということです。

レバレッジ比率は高いと不安？

　確かに、レバレッジ比率は低いほど、借金が少なく、財務状況は健全です。当然、レバレッジ比率を高めれば、一時的に財務状況は不安定になります。

　しかし企業には、借金というリスクを背負ってでも、成長を優先する姿勢が時には必要なのです。結果として企業を成長させるのであれば、質の良い借入（借金）だと評価されます。

株価は見た目、社債スプレッドは性格を表す

　企業の株価が上昇していると、今後も成長しそうだと、つい感

じてしまいます。でも、騙されてはいけません。

大切なのは企業の本質です。株価が上昇していてもレバレッジ比率を高めた理由、つまり、新規借入金の利用目的によって、その企業の成長の度合いや質に違いをもたらします。

そして、その違いが、社債スプレッドを動かします。

2 社債スプレッドでわかる企業の信用力

銀行融資と企業借入は表裏一体

お金を貸してくれる人がいるから、借りることができます。

リスクオン局面とレバレッジ局面では、銀行は融資に前向きのため、企業は借入を増やし、レバレッジ比率を高めることができます。

①リスクオン局面 「積極性が強味」

企業は、借入により設備投資・生産拡大をし、収益の向上を図るために、レバレッジ比率を高める時期。これは積極投資と解され、株式は上昇し、社債スプレッドは縮小。

②レバレッジ局面 「見た目に騙されるな、本質を見抜け」

企業は、借入金で主に自社株を購入したり、M&A（企業買

収)を行ったりして、売上げの伸び悩み等による収益減を補うために、レバレッジ比率を高める時期。

　株式は一時的に急上昇するが、自社株買いは将来の売上増には繋がらず、また、M&Aにより総じて割高な水準で株式を購入することから、企業の信用力が低下し始め、社債スプレッドは拡大。

4-6　米企業の負債増加額

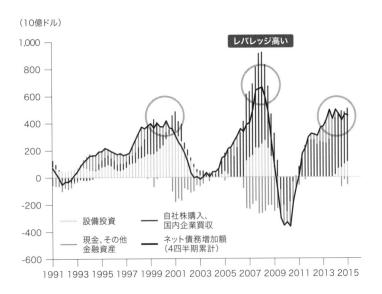

出所)国際金融安定性報告書(GFSR)(2015/10)

第4章　信用サイクル

③リスクオフ局面　「メッキがはがれる」

企業のデフォルト率が高まり、株式が下落。企業の信用力が低下するため、銀行が貸し渋りを始め、資金調達コストが上昇することから社債スプレッドは拡大。

④財務緊縮局面　「生まれ変わる」

株式は下落傾向にある中、企業は借入を縮小し、財務状況の改善を図る時期。企業の信用力が回復し始め、社債スプレッドは縮小。

3　景気後退のサインは、社債スプレッドの拡大

レバレッジ局面で気づけるか

＜グラフ4-7＞を見ると、10年の信用サイクルの中で、①リスクオン局面〜②レバレッジ局面は、③リスクオフ局面〜④財務緊縮局面に比べて、期間がかなり長くなります。また、①〜②の時期は、ゆっくりと株価が上昇し続けますが、③リスクオフ局面では、短期間で株価が大幅に下落します。

周知の事実ですが、信用とは、長年かけてこつこつと積み上げるべきものなのに、崩れ落ちる時はあっという間だということの表れでしょう。

ABOUT THE ECONOMY, INVESTMENTS AND INTEREST RATES

　それなら、リスクオフ局面の到来を察知して、株価下落を避け
たいところですが、現実的には、まずレバレッジ局面に入ったこ
とに気づくこと、そして、ポジション調整などでいかに迫りくる
株価下落にいかに備えられるか、を考えるべきです。

　具体的には、社債スプレッドの推移を追います。なぜなら、リ
スクオン局面とレバレッジ局面は、株価の動向は似ていますが、
社債スプレッドは対照的な動きを見せるため、レバレッジ局面で
あることを確認できるからです。

株価の上昇 ＋ 社債スプレッドの拡大 ＝ 危険信号

　＜グラフ4−7＞の通り、株価が上昇する中、社債スプレッドは、
①リスクオン局面では縮小し、②レバレッジ局面では拡大します。
そして、社債スプレッドが拡大を続ける中、株価が下落し始めた
ら、③リスクオフ局面に突入です。

　一般的に株価が上昇していると、景気は良いと思われがちです
が、株式上昇時に、社債スプレッドが拡大し続けるようなら、そ
れは、まもなく景気が後退する危険信号です。決して見逃してい
けません。

4-7　信用サイクルの段階推移

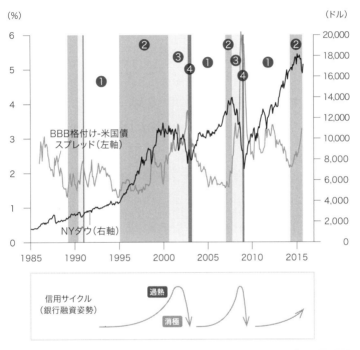

局　面	株　式	社債スプレッド
❶ リスクオン	↑上昇	↓縮小
❷ レバレッジ	↑上昇	↑拡大
❸ リスクオフ	↓下落	↑拡大
❹ 財務緊縮	↓下落	↓縮小

出所) FRB、St Louis連銀 (FRED)

ABOUT THE ECONOMY, INVESTMENTS AND INTEREST RATES

解 説

▶ 社債スプレッドの動向をもっと早く知りたい人へ

第4の金利「スワップ金利」の登場

　スワップとは「交換」を意味します。スワップ取引とは、将来のキャッシュフロー（資金の流れ）を交換することを言い、金利スワップ取引とは、一定期間にわたり金利制度を交換する取引です。つまり、この金利スワップ取引で、変動金利と交換の対象となる固定金利のことをスワップ金利と言います。

スワップスプレッドは、金利の未来を予測

　スワップスプレッド（％）＝ スワップ金利 − 国債利回り

　スワップスプレッドとは、スワップ金利から同年限の国債利回りをマイナスした数値です。

　国債利回りは、今の景気と併行して動くので、スワップスプレッドが拡大したら、将来の金利上昇を予測し、スワップスプレッドが縮小したら、金利低下を予測します。

4-8　スワップスプレッドで金利を予測

予　　測	スワップスプレッド
金利上昇	⬆ 拡大
金利低下	⬇ 縮小

住宅ローンで考えるスワップスプレッド

　例えば、変動金利（6ヵ月見直し）を支払う住宅ローンがあと5年間続くとします。今後金利が上昇すると思えば、6ヵ月ごとに金利が上がる恐れがある変動金利から、今の金利水準で5年の固定金利に変更する傾向が見られます。金利が上昇する前にローンの返済額を確定しようという心理が働く結果です。固定金利のニーズが高まるため、スワップ金利は上昇し、スワップスプレッドは拡大します。

　逆に、固定金利を支払う住宅ローンがあと5年間続くとします。今後金利が低下すると思えば、少しでも支払う金利を低く

抑えたいという心理から、6ヵ月ごとに見直される変動金利に変更する傾向が強まります。固定金利のニーズが薄れるため、スワップ金利は低下し、スワップスプレッドは縮小します。

スワップスプレッドは社債スプレッドの先を行く

スワップスプレッドは、先々の金利予測に基づいて、まずは、変動から固定へ、固定から変動へと既存の金利制度を交換することから始まり、その後、社債の発行などで新たな資金調達が行われます。その結果、若干ではありますが、スワップスプレッドは社債スプレッドに先行して動く傾向があります。

最近は、米国の株価が堅調を維持する中、社債スプレッドは拡大しつつあるので、レバレッジ局面だと思われますが、一方で、スワップスプレッドは縮小傾向にあります。

上記の傾向通りに、社債スプレッドがスワップスプレッドを追いかけて縮小に転じるようであれば、まだリスクオン局面にいることになります。しかし、このスワップスプレッド縮小が需給等の一時的要因に過ぎず、今後拡大に転じる可能性もあり、その場合は、やはりレバレッジ局面であると言えます。

いずれにしても、スワップスプレッドの推移から社債スプレッドの動向を注視できるようになれば、いち早くリスクオフ局面の到来に備えることもできますし、さらに信用サイクル全

体を予測しやすくなるはずです。

4-9 スワップスプレッドと社債スプレッドの推移

社債スプレッド:BBB格(ムーディース)は10年、スワップスプレッドは5年
注)シャドーは景気後退局面(NBER)
出所)FRB、St Louis連銀(FRED)

COLUMN 3

駆け出しFM時代　その2

　そんな駆け出しのFM時代のある時、当時の部長の決断のもと、大幅なポートフォリオ変更が行われました。今だから言えますが、海外債券や国内短期債券から国内長期債へ大胆にシフトしたのです。私もそのオペレーションに携わりましたが、「価格変動の小さい短期債の方が長期債より利回りが高いのに、何でわざわざ長期債を買うのだろう？」という疑問を持った記憶があります。

　新入社員にとって部長は雲の上の存在で、話をする機会はほとんどありません。部長が何を見て判断しているのか私は興味を持ち、部長の手元にある手書きレポートを覗き見したことがあります。おそらく景気見通しの分析レポートでしたが、「長短金利差」という項目に赤丸がしてありました。当時の私は、その赤丸が何を意味しているのかまったくわかりませんでした。

　今なら、バブル退治の日銀利上げによる長短金利差の縮小が、その後の景気減速を示唆していると見通し、部長はポートフォリオの変更を行ったのだと理解できます。

第 **5** 章

お金は世界を
回っている

ABOUT THE ECONOMY,
INVESTMENTS
AND INTEREST RATES

ABOUT THE ECONOMY, INVESTMENTS AND INTEREST RATES

お金（米ドル）は
世界を回っている

　第3章、第4章では米国内の景気サイクル・信用サイクルについてお話ししましたが、本章では、米国が新興国経済に与える影響を米ドルの流れから考えてみましょう。

1　「基軸通貨」と言われる米ドル

　<図5-1>の通り、米国を出た米ドルは中国を一周して米国に戻ります。もし、米ドルが安定的に流れていれば、中国では、人民元が流通し、経済は安定的に活性化します。しかし、景気にはサイクルがあります。米国の景気の変化が、良くも悪くも米ドルと新興国通貨のバランスを崩す結果となり、時間をかけて新興国経済に影響を及ぼします。

第5章 お金は世界を回っている

5-1 世界でのドルの動き

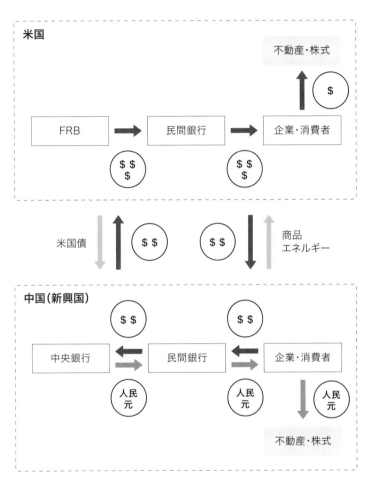

出所）著者作成

2 米ドルは血液

　米ドルと血液の流れはとてもよく似ています。米ドルを血液に見立て、人間の体を世界、心臓を米国と考えると、各臓器が新興国といったところでしょうか。血液は体内を1周して心臓に戻ります。健康なうちはスムーズに流れますが、1ヵ所でも血管が細くなり、血液の流れが悪くなると、徐々に体調にさまざまな異変をもたらします。面倒なことに、多くの場合、体調が悪いと感じ、医者に行って初めて、血管の異常に気づくので、完治するのにはかなり時間が掛かります。

　米ドルがどのように流れているかを考えれば、新興国経済が見えてきます。

米ドル流動性
（ワールド・ダラー ＝ WD）

1 WD ＝ 国内ドル ＋ 海外ドル

「WD」とは、世界に流通する米ドルの合計額のことで、米国内で流通する米ドル額と米国外で流通する米ドル額の合計です。

米国内の米ドルは米国景気に影響を与え、米国外の米ドルは新興国（貿易相手国）の経済に影響を与えます。

概算にはなりますが、WD ＝「米国マネタリーベース」＋「FRBが保管する海外中銀の米国債金額」で算出できます。

2 WDを分解

国内ドルは金融緩和で膨らむ（＝ 米国マネタリーベース）

米国内で流通する米ドル額は、米国FRBから公表される「マネタリーベース」という指標で把握できます。

マネタリーベースとは、金融政策において中央銀行が景気の状況に合わせて供給する通貨量のことで、国内に流通する現金の合計額となります。

＜グラフ5-2＞は、マネタリーベースの伸び率（前年比）の推移です。金融緩和（利下げ）により、マネタリーベースの伸び率は上昇し、金融引き締め（利上げ）により、低下します。またゼ

5-2 米国政策金利とマネタリーベース（前年比）の関係

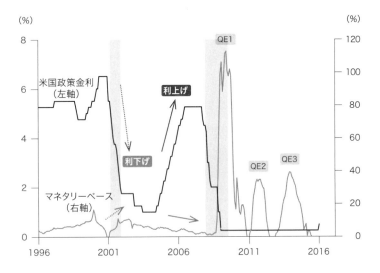

各QE期間:QE1(2008/11~2010/6)　QE2(2010/11~2011/6)　QE3(2012/9~2013/12)
注）シャドーは景気後退局面(NBER)
出所）FRB、St Louis連銀(FRED)

ロ金利政策（政策金利0％～0.25％）中は、量的緩和（QE）が行われるたびに、政策金利は横ばいのまま、マネタリーベースの伸び率だけが上下します。

海外ドルは米国債に姿を変える（≒ 世界の米ドル外貨準備高）

　米国外で流通する米ドル額については指標が無いため、概算を推測します。

　海外中銀（米国以外の中央銀行）は、米国から流出した米ドルを外貨準備として保有しますが、現金保有は無利息のため、主に米国債で運用します。すなわち、手持ちの米ドルで米国債を購入するのです。FRBは、その米国債を保管し、保管額を毎週公表しています。

　このFRBの保管額が各国の米ドルでの外貨準備高と概ね一致することから、その合計が米国外で流通する米ドル額だと推定されます。

解 説
▶ 外貨準備、外貨準備高とは

　外貨準備とは、中央銀行など通貨当局が外貨を保持することです。外貨準備高とは、保持している外貨の量です。この外貨は、為替介入（ドル売り）に使用する資金であるほか、通貨危

機等により、他国に対して外貨建て債務の返済が困難になった場合等に使用する準備資産です。

外貨準備高は多ければ良いかというと、必ずしもそうではありません。その最たる例が2015年1月の「スイスフランショック」です。

2009年秋の欧州債務危機では、ユーロからの資金流入でスイスフラン高となり、スイス国立銀行（SNB）は、2011年9月以降1ユーロ＝1.20フランを防衛線とする無制限の「ユーロ買いスイスフラン売り」の為替介入を実施していました。

その結果、スイスの外貨準備高は2014年末時点でGDP比7割の水準まで膨張したため（日本や中国ではGDP 2～3割程度）、外貨準備の為替評価損がSNBや最終的にはスイスの財政収支に与えるダメージを懸念したSNBは、1月15日に突然為替介入を停止しました。これにより、スイスフランはユーロに対して同日の欧州時間中のわずか19分間で3割上昇し、1ユーロ＝約0.85フランをつけることになります。

このスイスフランの急騰は、観光や輸出を主とするスイス経済だけでなく、低金利であるスイスフランを売り持ちしていた為替（FX）投資家にも大きな損害をもたらしました。

つまり、スイスの外貨準備高が増え過ぎたことが、スイスフランショックを招いた大きな要因と言えます。

第5章　お金は世界を回っている

米貿易収支が
新興国の景気を
左右する

1　米貿易収支が米ドルの流れを決める

貿易赤字拡大で、海外ドルが増加

　米ドルは、基軸通貨として世界で使用されます。

　貿易赤字国（輸出＜輸入）である米国が、貿易の相手国（貿易
黒字国）から商品やエネルギーを輸入し、その代金として米ドル
を支払うことで、米ドルは海外に流出します。

　＜グラフ5−3＞は貿易赤字額の増減（前年差）とISM製造業景
況指数を比べたものです。米国景気が良くなると、輸入の増加に
伴い米貿易赤字が拡大します。その結果、より多くの米ドルが世
界に流れる仕組みです。

5-3 景気循環と貿易赤字（増減）の関係

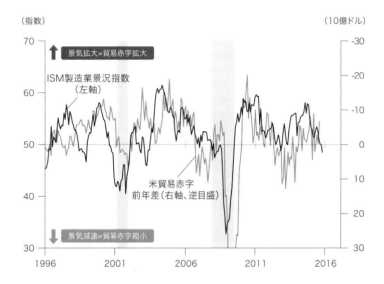

注）シャドーは景気後退局面（NBER）
出所）FRB、St Louis連銀（FRED）

貿易収支に変化〜シェール革命で潤うのは米国だけ

　近年は、米国景気が回復に向かっても貿易赤字は拡大せず、横ばい傾向にあります。

　シェール革命と言われるエネルギー革命により、米国内での石油産出量が劇的に増え、2014年には、中東のサウジアラビアを抜いて米国が世界一の石油産出国になりました。このため、OPEC

（石油輸出国機構）に代表される主に中東の石油生産国からの輸入量が激減しています。

エネルギー革命は、特に米国消費者（米国国内）に恩恵をもたらします。その反面、米国のエネルギー革命による貿易赤字の縮小は、長期的には「米国から海外へ流出する米ドルの減少＝貿易相手国の景気鈍化」に繋がります。

5-4 米貿易収支（12ヵ月累計）

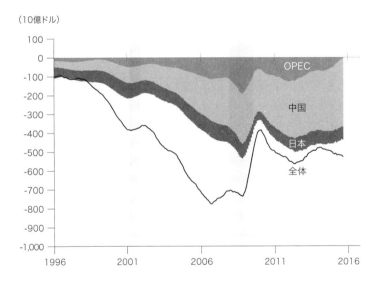

注）シャドーは景気後退局面(NBER)
出所）Bloomberg

ABOUT THE ECONOMY, INVESTMENTS AND INTEREST RATES

　米貿易赤字の推移を貿易相手国別に示すと＜グラフ5−4＞の通りです。前述したように、OPECからの輸入が減少し、最近では中国が大半を占めています。

　米貿易収支の内訳及び動向は、米ドルの流れを変えてしまうため、米国経済の回復（または後退）が海外経済、特に米国の貿易相手国に与える影響を見極める重要なポイントです。

2　海外ドルが為替介入で新興国の外貨準備高に

為替介入で米ドルが中央銀行に集合

　米国の貿易相手国である新興国の多く（特に中国〜以降中国で説明）は、政府が為替レート水準をコントロールする、いわゆる為替介入政策を行います。

　P95＜図5−1＞の通り、中国企業は輸出の対価として米ドルを受け取ると、国内銀行で自国通貨である人民元に交換します。企業の米ドル売り、人民元買いです。為替は、米ドル安人民元高に傾きます。その結果、輸出をしても儲からなくなり、経済は不安定になります。

　中国人民銀行（中央銀行）は、この人民元高（自国通貨高）を避けるため、国内銀行に対し「米ドル買い／人民元売り」の為替介入を行います。つまり、国内市場に人民元を放出することで、

第5章　お金は世界を回っている

人民元高に歯止めをかけるのです。

　最終的に、輸出で中国に流入した米ドルは、為替介入が行われるたび、「外貨準備」として中国人民銀行に集まります。

解 説

▶ 輸出が増えるとドル安円高に

　人民元の動きを日本円で考えてみましょう。日本も貿易で受け取る主な通貨は米ドルです。（ちなみに、日本では現在、政府の為替介入はほとんどありません。）

　例えば、現在、１ドル120円とします。ドル安円高とは、１ドルが110円、100円、90円になっていくことです。

　日本企業が物を輸出して100ドルを受け取ったとします。今、ドル売り円買いをして、その100ドルを円に交換すると、120円×100ドル＝12000円の売上げになります。その後、輸出が増えると、ドル売り円買いが活発になり、ドル安円高が進みます。もし、１ドル90円になったら、90円×100ドル＝9000円しか受け取れず、同じ商品なのに3000円も売上げが下がります。

　つまり、輸出国の通貨高（円高）は、企業の収益を圧迫する結果となります。

米ドル頼みの新興国経済

　この為替介入のおかげで、中国企業は輸出を増やしても収益が圧迫されることがなくなることから、さらに輸出が促進され、国内経済が潤います。また、新興国の景気が良いと、この為替介入が行われ、新興国の米ドル外貨準備高が増加することから、この米ドル外貨準備高の増減が新興国の景気の良し悪しを表すとも言えます。

　結局のところ、新興国の景気は、米国の景気や米ドルの流れに左右されることになるのです。

第5章　お金は世界を回っている

WDから見る
新興国経済

1　米国と新興国には時差がある

米国が山頂の時、新興国は谷

5-5　米国と新興国の景気状況

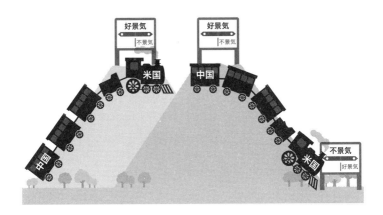

米国が山頂（好景気）に立つとき、おそらく新興国はまだ谷（不景気）にいます。米国は山頂を過ぎると、速度を上げて谷に落ちていきます。新興国は米国の落ちる勢いに引っ張り上げられ、一気に山頂に到達します。くしくも、新興国が好景気で盛り上がる頃、おそらく米国は不景気脱却に向け躍起になっています。

常に、米国と新興国は、時を変えて好景気・不景気を繰り返すのです。

米国の好景気がやがて中国の好景気に

＜表5-6＞は、米国経済が新興国経済に及ぶまでをまとめたものです。年代の表示は、過去のデータに基づいた目安です。（P112＜グラフ5-8＞を参照ください。）

米国の貿易赤字拡大（景気好調）の影響は、時間をかけて、米ドル安となり、新興国の米ドル外貨準備高を増加させ、新興国の経済を活性化させます。逆に、米国の貿易赤字縮小（景気鈍化）の影響は、時間をかけて、米ドル高となり、新興国の米ドル外貨準備高を減少させ、新興国の経済を鈍化させます。

過去のデータで検証

● ドル安が新興国に好景気をもたらす

＜グラフ5-7＞を見ると、米ドル高は新興国の株価を下げ、米

5-6 米国経済が及ぼす新興国への影響

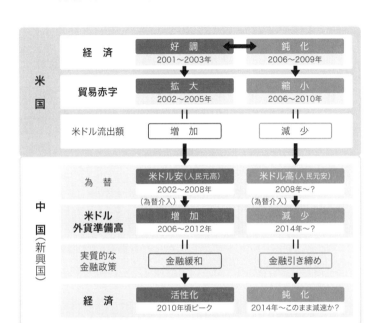

ドル安は新興国の株価を上げていることがわかります。なお、米ドルの動向を見るために、米ドル指数を用います。これは主要6通貨に対する米ドルの総合的な価値を示したものです。

ちなみに、現在は、ドル高傾向です。

5-7 米ドルと新興国株の関係

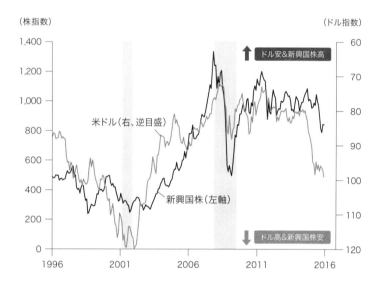

注)シャドーは景気後退局面(NBER)、新興国株はMSCI新興国株価指数
出所)Bloomberg

● 米国の景気は時間をかけて移動する

　<グラフ5-8>は、米国の景気が、時間をかけて中国の景気に影響を及ぼす実態を示したものです。

　米国景気は2000年代前半にITバブル崩壊から回復し、貿易赤字の拡大が、2000年代の米ドル安に繋がります。米ドル買い人民元売りの為替介入により、中国の米ドル外貨準備高は増加の一途

をたどるとともに、市中には人民元が供給されました。これにより、中国マネーサプライは2008年に急拡大し、さすがに世界金融危機の影響を受けていた景気先行指数をも押し上げる結果となります。2010年頃まで中国の景気が拡大したのは、まさしく世界金融危機前までの米ドル安（米国貿易赤字拡大）が要因です。

　米国は、その後、世界金融危機の影響により、景気が後退したことで、貿易収支が大幅に縮小し、2008年頃からドル高が進んでいます。今度は、このドル高の影響が、2013年頃から中国の米ドル外貨準備高を減少させ始めています。

　このように、米国景気の変化が、中国の景気に影響を及ぼすまでには、相応の時差が生じるのです。

　中国同様、ブラジル、ロシア、トルコなども、総じて海外に流出する米ドルの影響を大きく受けています。

ABOUT THE ECONOMY, INVESTMENTS AND INTEREST RATES

5-8 米国景気と新興国景気の関係

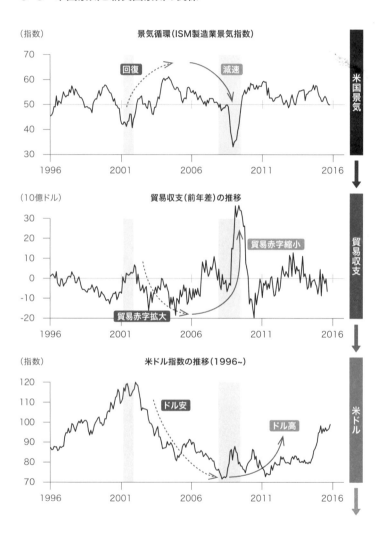

第5章 お金は世界を回っている

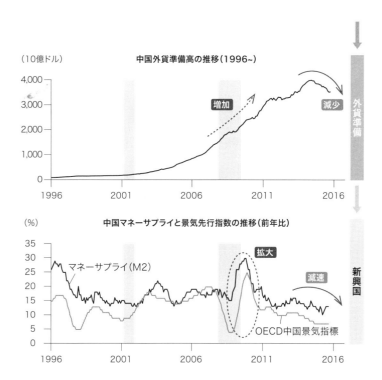

注)シャドーは景気後退局面(NBER)
出所)中国人民銀行、OECD、FRB、Bloomberg

ABOUT THE ECONOMY, INVESTMENTS AND INTEREST RATES

解 説

▶ マネーサプライとは

マネタリーベースが、中央銀行が供給し、一般の金融機関を含む法人・個人等が保有する通貨量であるのに対し、マネーサプライは、一般の金融機関が供給し、金融機関と中央政府を除く法人、個人等が保有する通貨量のことです。

基本的には、マネーサプライが増えると景気が良くなり、減ると景気が悪くなります。

なお日本では、2008年からマネーサプライの定義に若干の見直しを加え、マネーストック統計として公表されています。

2 WDから世界が見えてくる

2つの基本

・米国の景気が時間差を伴って海外経済に影響すること

・米ドルでの外貨準備高が主に新興国の景気を表すこと

WDの伸び率（前年比）は景気の現れ

● 米国の大規模緩和と新興国の時間差好景気でWD変化率が急拡大（グラフ①部分）

第5章　お金は世界を回っている

　＜グラフ5-9＞を見ると、世界金融危機直後、WDの伸び率が急拡大しています。また、海外中銀の米ドル保有額（米ドル外貨準備高）の寄与度も急拡大しています。この時期、米国では景気後退からの早期脱却をめざし、FRBが大規模な金融緩和（利下げ）を行ったため、マネタリーベースが急増しました。加えて、海外経済はまだ世界金融危機前のドル安（＝好調な米国景気）の影響が残っていることから、米ドルの外貨準備高は上昇し続けました。

　つまり、このWDの伸び率の急拡大は、金融緩和による米国内のマネタリーベースの急増と、ドル安による海外中銀の外貨準備高（＝保有する米国債）の増加が「同時期に」起こった結果です。＜グラフ5-10＞の株価変化率のグラフからわかるとおり、米国だけでなくその他先進国も新興国も一時的に景気が大幅に拡大しました。

◉ 米国の落ち着きと新興国の時間差不景気でWD変化率が鈍化 (グラフ②部分)

　2013年以降はWDの伸び率が鈍化し、海外中銀の米ドル保有額は大幅に減少（寄与度の縮小）しています（グラフ5-9）。

　これは、米国内ではFRBが景気回復を目指して行ってきた量的緩和政策の終了によりマネタリーベースが徐々に縮小したこと

ABOUT THE ECONOMY, INVESTMENTS AND INTEREST RATES

5-9 WD変化率の推移

5-10 株式変化率

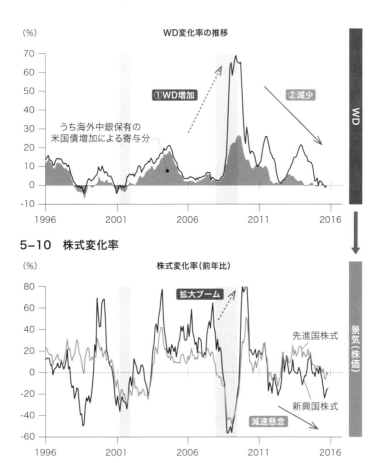

注）シャドーは景気後退局面（NBER）、株式はMSCI指数（先進国、新興国）
出所）FRB、St Louis連銀（FRED）

に加え、海外経済には、時間差を伴って世界金融危機後のドル高（= 米国景気の悪化）が波及し、米ドルの外貨準備高が減少したことの現れです。特に米ドル外貨準備高の減少ペースが速かったことから、新興国景気の悪化が顕在化しています（グラフ5-10）。

　中国経済は正念場を迎えつつあると言えそうです。

米国はWDで世界経済を牽引できるか

　今後、景気回復を受け米貿易赤字が拡大して、海外への米ドルの流出量が増加するのか、または将来、米国が再度金融緩和を行うことで米国マネタリーベースが増加するのか、WDの変化は、米国を含む世界経済の現状を把握し、先行きを占う重要な指標となります。

COLUMN 4

FM時代 ～海外出張で多くを学ぶ～

　その後、私は系列の運用会社に出向しFMとして年金等における外債運用を担当しました。ここでの運用の仕事は運用実績が他社と比較されるのですが、あまり自慢できるものではありませんでした。

　このままではいけないと思い、海外出張の許可をもらい、参考になりそうな先輩FMや海外証券会社のストラテジスト、リサーチ会社を回って、運用の秘訣をヒアリングしました。懇意にしていた先輩FMが外国株式のFMであったこともあり、お会いした多くのストラテジストやリサーチ会社との話し合いは株式運用者向けのものでしたが、とても興味深い話ばかりでした。

　今思えば、どの方も自分が長年培ってきたノウハウを隠すことなく私なんかに話してくれたと思います。日本からの訪問を喜んでくれたのかもしれませんし、もしかしたら、こんな若造に話してもノウハウを盗まれることはないと安心していたのかもしれま

せん。それぞれ忙しいのに2～3時間かけて丁寧に私の質問に答えてくれました。

　そして話を聞き終わり、私は驚きました。なんと、全員が共通して見ていたものが「金利」だったのです。長短金利や社債スプレッドなどです。これらの金利データは、すべて常日頃自分の身近にあるものばかりです。灯台もと暗しとはまさにこのことだと痛感しました。

　また、あるヘッジファンドでは、市場の値動きを分析すること（テクニカル分析）を重視していると聞きました。景気サイクルだけでなく全ての市場の値動きには、投資家心理である「楽観」「悲観」に基づく四季があるという考え方です。投資家心理を基に市場の値動きがどの季節に位置するかを知ることで、次の値動きの方向性を予測していたのです。どちらかというとマクロ経済分析に重点を置いていた私にとっては、とても新鮮な方法でした。

　さらに、そのヘッジファンドのマネージャーは、景気サイクルが市場の値動きを左右するのではなく、人々の群集心理による市場の値動きが景気サイクルを形成するのだと述べていました。私が、「数年単位の大きな景気サイクルが、株式市場等の日々の価格変動に影響を受けているのですか？」と尋ねると、彼は当然の

ごとく「もちろん。数十年単位の長期サイクルさえも群集心理が働いている。」と断言していました。確かに、それは人口動態がその国の経済を決めるという考え方に通じると感じました。どの国においても、ベビーブーム等により人口ピラミッドに凹凸が生じます。その凸が成長し子育て世代層（30～40歳台）になると、住宅の購入、教育の拡充、消費の拡大により好景気に繋がるため、その国の長期的な景気サイクルは人口の凹凸によって決まると言われます。そして、その凹凸を作るベビーブーム自体は、まさしく子供が多いことを良しとする人々の群集心理に基づいているのです。

　この海外出張で聞いたこと、感じたことは、私にとって全て目新しいものでした。

　帰国後、私は早速、データをあれこれ分析し何とか自分のものにしようとしました。また、席が近い株式FMとは、毎週、毎日のように情報交換を行いました。景気や相場の上げ下げを何度も経験し、試行錯誤を繰り返した結果、私は景気サイクルには四季があり、全ての市場・相場にも四季があるという発想に至ったのです。

第 **6** 章

すべては
米国から始まる

ABOUT THE ECONOMY,
INVESTMENTS
AND INTEREST RATES

ABOUT THE ECONOMY, INVESTMENTS AND INTEREST RATES

景気サイクルを
予測に活かせ！

1　完璧なんてあり得ない

　誰しも、「いつまで景気（相場）は上がり続ける（下がる）のか」、「いつ売れば（買えば）いいのか」を知りたいはずです。

　しかし、景気の転換点とは、景気サイクルの季節が移り変わってはじめて確認できるものなのです。それは、気象庁の梅雨明け宣言に似ています。晴天が続いてから「梅雨が明けたと思われます」と過去形で梅雨明けを振り返ります。

　しかも、日々新たな材料（ニュース）が湧き出る中、今、ピシャリと次の転換点を予測することは、まず不可能です。

2 やるべきは、金利の「活用」と予測の「修正」

　ただ、今ある材料を使って、あり得るだろういくつかの景気シナリオを描く（景気予測を立てる）ことは可能です。そして、今後、日々の新たな材料を加えて、シナリオの修正や絞込みを行うことで、そのシナリオの実現性を高めていくことならできるはずです。

　「金利」は金融市場における「炭鉱のカナリア」です。

　投資で成功を目指すなら、金利の何に注目すべきか、どのような金利の変化に敏感になるべきか、そして、金利の変化に気づいた時、シナリオ（予測）をいかに修正できるか、時には新たなシナリオを描けるか、が景気の変化・転換点を知る要となります。

　金利の「活用力」とシナリオの「軌道修正力」が身につけば、どんな環境変化にも対応でき、今後の投資方針（売るのか、買うのか）が見えてくるはずです。

ABOUT THE ECONOMY, INVESTMENTS AND INTEREST RATES

米国の今を知る

1 金融政策サイクルから見た米国

　＜図6-1＞は、第2章でお話しした金融政策サイクルにおける季節ごとの特徴（傾向）を1つの円にまとめたものです。

　米国では、2008年の世界金融危機が、まさしく冬です。この冬をサイクルの起点とした場合、現在、米国の金融政策サイクルは2周目だと考えられます。

世界金融危機からの1周目

2008年（冬）：大幅利下げを受けて、米ドルが下落し、長短金
　　　　　　　利差が拡大。

2009年（春）：景気（ISM指数）が2008年12月にボトムをつけ
　　　　　　　た後も量的緩和政策（QE）の継続。新興国に牽
　　　　　　　引され景気は回復局面へ。長期金利が上昇。

6-1 季節毎の特徴

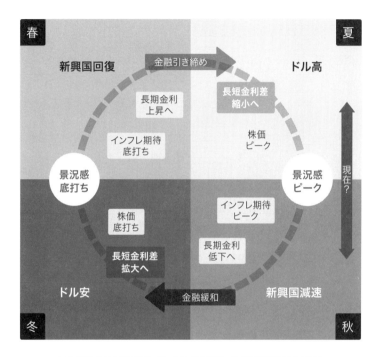

四 季	1週目	2週目
冬	2007・2008	2012
春	2009	2013
夏	2010	2014
秋	2011	2015?

出所)筆者作成

ABOUT THE ECONOMY, INVESTMENTS AND INTEREST RATES

2010年（夏）：QE1が2010年6月に終了。QE2が2010年11月に再開も規模縮小で実質的な引き締めへ。長短金利差が縮小に向かう。

2011年（秋）：2011年2月を天井に景気が減速し、株価もいったんの天井をつける。長期金利が低下へ。

復活への2周目

2012年（冬）：QE3が2012年9月に再開され、長期金利も底打ち反転。長短金利差が拡大。

2013年（春）：景気は2012年11月から回復へ。株価が大きく上昇し、長期金利も上昇。

2014年（夏）：QE3が2013年12月に終了し実施的な引き締めへ。米ドルが主要通貨に対して上昇。

最近の天候を考えてみる

　ここからは、金融政策サイクルにおける「米国の現在（2015年12月現在）」を考えてみます。

　金融サイクルでは、次は景気の転換点（夏 → 秋）が現れるはずですが、今の季節が夏なのか秋なのかは、各市場（金融、為替、海外）の動きを勘案して総合的に判断します。

第6章　すべては米国から始まる

- 金融政策　：シャドーレートで判断すると既に実質的な金融
　　　　　　　　引き締めが始まっている。（P67 グラフ3－10）

- 景気　　　：ISM製造業景況指数が2014年8月以降減速して
　　　　　　　　いるが、50近辺であり減速局面に入ったとの断
　　　　　　　　定はまだ早い。（P67 グラフ3－12）

- 米ドル　　：2014年の米ドル高の後2015年央から横ばい、夏
　　　　　　　　から秋？（P112 グラフ5－8）

- 株価　　　：米国株は2015年8月に下落後持ち直しており、
　　　　　　　　何とも言えない。（P19 グラフ1－1）

- 新興国　　：中国やブラジル、ロシアなどの減速は鮮明。
　　　　　　　　（P112 グラフ5－8）

- 長期金利　：米10年国債金利は2％水準で横ばい。
　　　　　　　　（P67 グラフ3－10）

- 長短金利差：シャドーレートを用いた長短金利差は縮小継続。
　　　　　　　　（P67 グラフ3－11）

今の季節は？

　金融政策に関するもの（金融政策、米ドル、長短金利差）から
判断すると、金融引き締め局面（夏）にあると言えます。また、
景気に関するもの（ISM製造業景況指数、株価、長期金利、新興
国）では、明確に景気減速（秋）へ移行と言えるのは新興国経済

のみです。四季で例えると、今は、夏から秋にかけての入り口か、夏だけどあまり暑くない夏だと思われます。朝晩ひんやり感じるのは、すでに初秋だからか、または、冷夏だからでしょうか。

つまり、総合的に判断すると、金融サイクルにおける米国の「今」は、景気過熱局面（夏）の終わりから景気減速局面（秋）の初めに位置し、景気の変化を確認するための新たな材料を待っている時期と言えます。

2　信用サイクルから見た米国〜本質を見抜けるか

米国の信用サイクルは、現在、②レバレッジ局面（株上昇、社債スプレッド拡大）に入っていると思われます。

以下の材料に基づく総合的判断から、社債スプレッドは拡大傾向にありますが、これは企業が資金調達を活発に行っている表れで、まだこの段階では、景気にはプラスの効果をもたらしていると言えそうです。

・スワップスプレッド：

社債スプレッドに先行するスワップスプレッドは2013年〜2014年にやや拡大したものの現在は縮小（P91 グラフ4-9）

・社債スプレッド：

足元拡大傾向だが水準はまだ高くない（P80 グラフ4-4）

第6章 すべては米国から始まる

・銀行融資姿勢：

　四半期ベースで見ると、まだ消極的とは言えない。

　（P77 グラフ4-2）

・デフォルト率：

　四半期ベースで見ると、低位安定している。（ただし、一部
　のシェール関連エネルギー企業では若干のデフォルトが見ら
　れる。）（P77 グラフ4-3）

・企業借り入れ：

　四半期ベースで見ると、借入金額ベースではいずれも過去を
　まだ上回っておらず、今後銀行融資が加速すれば、さらに自
　社株買戻し、または、M&Aが行われる余地が十分にある。

　（P84 グラフ4-6）

解　説

▶ M&A（企業合併・買収）の今

最近のM&Aニュース

①ビール世界最大手で「バドワイザー」で知られるアンハイ
ザー・ブッシュ・インベブ社（ABインベブ、ベルギー）が
ビール第2位のSABミラー社（英国）を710億ポンド（約13
兆円）で買収。

日本のビール業界は、酒税体系の複雑化や流通構造の独自化（小売業の存在）などから、海外企業が参入しにくい状況が続いているが、今後、酒税が改正され、円安が継続するようであれば、海外からのM&Aにより日本のビール業界も再編の時期を迎えるだろう。

②米製薬大手ファイザー（米国）が同業のアラガン（アイルランド）を1600億ドル（約20兆円）で事実上買収。

　表向きは2社の合併と発表されているが、事業統合という名目のもと、ファイザーが米国より税率の低いアイルランドに本社を置くことで節税効果を見込んだ買収と噂されている。製薬業界に限らず、米企業がM&Aによって海外移転を狙う動きはまだ続きそうだ。

M&A金額推移

　世界のM&Aは、年初来（2015年11月末時点）で、前年比+24%増の約4.7兆ドルとなっています。また、この金額は、過去のピークであった2007年（世界金融危機前）をも上回っています。

　さらに、2015年の米国企業を買収対象としたM&A金額は、約2.5兆ドルとなっており、2015年のM&A総額（約4.7兆ド

第6章 すべては米国から始まる

6-2 M&A金額の推移（年間累計）

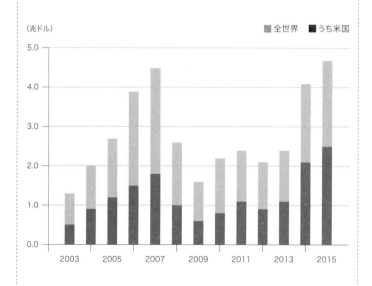

注）2015年は11月末時点まで
出所）Bloomberg

ル）の半分以上を占めています。

米国企業買収が増える訳

M&Aの金額の増加、特に米国企業買収の増加の理由は、米国が他国に先行して景気が良いということに尽きますが、具体的には、以下の理由が考えられます。

①米国の信用サイクルがリスクオン局面またはレバレッジ局面にあること。つまり、銀行融資が活発なこの時期は、M&Aに必要な多額のドル資金が調達しやすい環境です。

②米国の景気サイクルが春から夏であること。つまり、米国の失業率が低下（人材確保難）するため、米国での業容拡大を目指すには、業務や人材が一気に獲得できるM&Aが有効な手段となります。

M&Aはレバレッジ局面の特徴の1つ

M&Aが増えると、①買収に支払うプレミアム（買収価格÷市場時価）が拡大、②特定の業種にM&A案件が集中、③買収企業を担保にした借入比率の高い資金調達（LBO：レバレッジドバイアウト）の増加、などが目立ってくるとともに、それぞれ行き過ぎ感が出るとM&Aの案件数や金額が頭打ちになり始めるでしょう。

M&Aは、レバレッジ局面の特徴の1つであることから、信用サイクルの流れを知るポイントの1つです。

第6章 すべては米国から始まる

米国の今後を予測する

1 シナリオを描く

　金融政策サイクルと信用サイクルの組み合わせから、「今」を
起点に米国において今後想定されるシナリオを策定します。

　シナリオの策定方法は、以下の通りです。

（1）信用サイクル（一番大きなサイクル）

「今」はレバレッジ局面に既に入っているので、米国景気の拡大
は続くというのを前提とし、信用サイクルはセオリー通り維持さ
れることとします。

（2）金融政策サイクル

「今」がまだ夏なのか、すでに秋なのかがはっきりせず、シナリ
オが3つ描けます。

シナリオ1：まだ夏が続き、ゆっくりと秋が訪れる（季節が徐々に進む）という景気過熱局面の継続シナリオ

シナリオ2：秋から冬が訪れ（季節が早いペースで進む）景気後退局面を迎えるが、信用サイクルに支えられ金融サイクルが3周目に入るシナリオ

シナリオ3：異例の事態。そもそもの信用サイクルが何らかの要因で崩壊し、大きな景気後退が訪れるシナリオ

6-3 今後のシナリオ

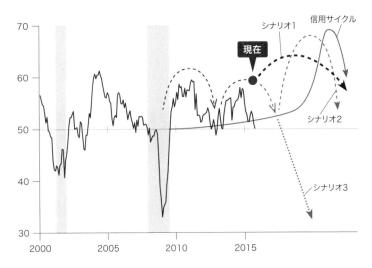

注）シャドーは景気後退局面（NBER）
出所）FRB、St Louis連銀（FRED）から筆者作成

2 そのシナリオのその先は?

　以上、3通りのシナリオに関する大枠を定めた後に、金融政策、WD（米ドル、新興国）、信用が各シナリオにどのように作用するかを考えます。

6-4　シナリオに現れる特徴

	確認項目	シナリオ1	シナリオ2	シナリオ3 (信用サイクルの崩壊)
金融政策サイクル	金融政策	**緩やかな利上げ**	予想外の追加緩和	利上げ見送り
	長短金利差	**徐々に縮小**	縮小から拡大へ	縮小
WD	米ドル	緩やかな上昇	**調整へ（ドル売り介入）**	下落
	新興国	減速継続	**新興国危機へ**	大幅下落へ
信用サイクル	社債スプレッド	徐々に拡大	徐々に拡大	**急激に拡大**
	株価	当面は上昇	調整も一時的	**大幅下落へ**

出所）筆者作成

135

3 シナリオ1は、金融政策が鍵

～ 10年ぶりの利上げは続くか

10年ぶりに利上げ開始

　シナリオ1は、金融引き締めが継続するシナリオです。世界金融危機後、FRBは一貫してゼロ金利政策を継続していましたが、2015年12月16日、FOMC（連邦公開市場委員会）はとうとう利上げを決定しました。これは、世界金融危機前の2006年6月以来、約10年ぶりの出来事です。2013年6月にバーナンキ前FRB議長が量的緩和（QE）の終了を示唆した直後、金融市場が一時大きく変動したことから、今回の利上げによって何がどう変わっていくのかという漠然とした不安が金融市場に広まっています。ここでは、①金利は今後どの位上昇すると思われているか、②利上げで株価は下落するのか、の2点に絞って考えてみます。

金利はどこまで上昇するか

● 2つの予測値

　政策金利の予測を知るには、主に2つのデータがあります。

①FF金利先物

　（FFとはFederal Fund Rateの略で米国の政策金利のこと）

これは、経済指標やFOMCメンバーの発言などから予測した将来のある時点で開始される政策金利を、現時点で売買するもので、シカゴの先物取引所で取引されています。この売買値を見ると、2015年12月17日現在、0.375％程度である政策金利は、2016年末に0.830％、2017年末に1.350％となっており、先物の市場参加者は概ね年間+0.50％幅で利上げされると予測しています。

6-5　FOMC参加者の政策金利見通しとFF金利先物とのギャップ

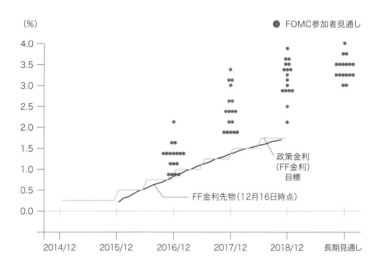

注）政策金利（FF金利）目標はIOER（当座預金への付利）で、FF金利の上限としての役割が期待される
　　グラフは年間+0.50％=半期毎に+0.25％ずつ利上げする前提で表示している
　　各点はFOMC参加者が提出したFF金利の適性ターゲットレンジの中央値あるいは水準
出所）Bloomberg、FRBより筆者作成

②FOMCメンバーの政策金利の見通し

こちらは、FRBが、FOMC開催時（3、6、9、12月）に公表する四半期経済予測におけるFOMCメンバーの政策金利の見通しです。イエレン現FRB議長が、将来の金融政策に関して透明性を高めることを目的として公表を始めました。＜グラフ6-5＞の黒点（ドット）の通り、FOMCメンバーは、3年先まで、各年末時点での政策金利の見通しを示します（各数値を示したメンバー名は公表されません）。これによると、利上げ後0.25%～0.50%（誘導目標レンジ）となっている政策金利は、2016年末に1.375%、2017年末に2.375%、そして2018年末には3.250%（いずれも予測の中央値）となっており、FOMCメンバーは概ね年間＋1.00%幅で利上げがあると予測しています。

● 利上げに慎重な市場心理

FF金利先物とFOMCメンバーの見通しを比較してみると、不思議なことに、実際に政策金利を決定するメンバーの予測値よりも、FF金利先物市場が示す予測値の方が低い状態となっています。これは、先物の市場参加者が、低インフレの継続と景気後退の再来リスクを背景に、FOMCメンバーの予測よりも利上げ速度が遅い、または利上げ幅が小さいと見込んでいるほか、FOMCメンバーの重鎮であるイエレンFRB議長の政策金利の予測値が

意外に低い（FEDウォッチャーによると下から3～4番目と言われている）からかもしれません。

● FOMCメンバーの長期水準

さらに、FOMCメンバーは、政策金利の「長期水準」を公表しており、現在、その中央値は3.500％となっています。この長期水準は、景気の変動要因を考慮しない中立的な金利水準とされ、「潜在成長率＋期待インフレ率」の水準に近いと言われますが、簡単に言えば、今後どこまで政策金利が上がるのかを予測したものです。さまざまな意見はありますが、現時点では、潜在成長率が1.5％程度、期待インフレ率が2.0％程度という意見が多いことからも、たしかに3.500％という水準は頷けます。一方で、2012時点で4.250％だった長期水準は、潜在成長率や期待インフレ率の低下を反映して徐々に3.500％まで下方修正されていることから、今後も長期水準は低下すると予測する向きが多いのも事実です。

● 政策金利と名目GDPの経験則

経験則からですが、政策金利が名目GDP前年比の5年平均を超えると、利上げ局面が終了しています。これは、借入金利等の基になる政策金利が実体経済への投資から来るリターンを上回る

6-6 長期成長率(名目GDP)と政策金利

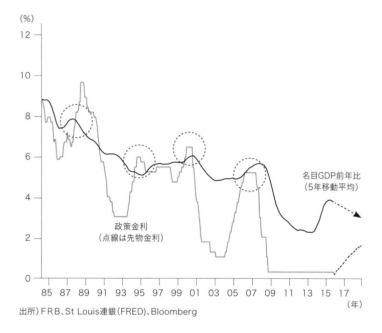

出所)FRB、St Louis連銀(FRED)、Bloomberg

(要は、借金してまで投資しても儲からなくなる)と経済成長が鈍ることが理由と考えられます。現時点では、名目GDP前年比(5年平均)が3.8%であることから、これを政策金利(利上げ)の上限の目途とできそうですが、やはり潜在成長率や期待インフレ率の低下から、名目GDP前年比自体が低下すれば、政策金利の上限もおのずと低下します。

● いずれにしても、夏継続

　このように様々な意見や予測はありつつも、今回の利上げ局面における利上げペースは、現状では緩やかにとどまる見通しです。年間+0.50%〜+1.00%程度のペースで利上げが行われた場合、2019年頃には利上げが終盤を迎える可能性が高そうです。

材料出尽くしで株価は堅調

　1990年代後半と2000年代前半(直近2回)の利上げ局面では、利上げ直後に株価調整があったのみで、利上げの影響は限定的でした。それぞれ「利上げできるほど、経済（景気）は良好」と利上げをポジティブに解釈していました。

　さて、2015年12月の利上げ実施後も、NYダウ平均株価は概ね堅調に推移しています。今回に関しては、2013年の量的緩和終了を機に、1年以上前から利上げへの警戒感が台頭していたことから、株式相場は何度も調整を行ってきました。金利同様に、株式市場でも既に利上げを織り込んでいたものと思われ、利上げという懸念材料の出尽くし感から堅調に推移しているものと思われます。

ABOUT THE ECONOMY, INVESTMENTS AND INTEREST RATES

6-7　長短金利差逆転と株価のピーク

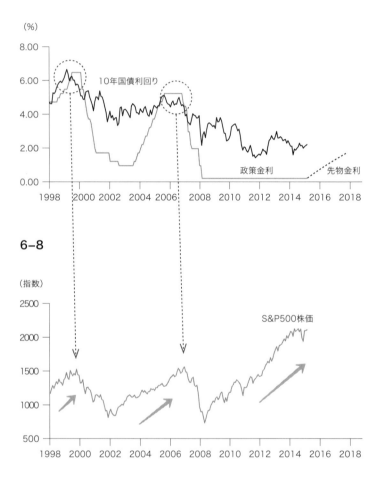

6-8

出所）FRB、St Louis連銀（FRED）、Bloomberg

第6章　すべては米国から始まる

長短金利差を追え

　利上げ後も、景気サイクルでは夏が継続し、株価が堅調に推移した場合でも、いつか秋は訪れます。そのターニングポイントを見極めるには、やはり長短金利差を追うのが有効です。

　直近2回の利上げ局面では、株価は概ね堅調に推移し、株価のピークは長短金利差が逆転するタイミングとほぼ一致します。FRBが金融政策の方向性にできるだけ透明性をもたらすことで、金融市場の急激な変動は抑えられており、景気がピークをつけるタイミングで素直に株価もピークを迎えそうです。

　また、米10年債利回りの水準次第ですが、長短金利差が現状の2％前後で推移する中、年間 +0.50%のペースで利上げが進むならば、2017年末頃にISM50割れを示唆する長短金利差1％割れがありそうです。その頃には季節は秋に進んでおり、2018年頃から米国景気の減速が鮮明になる冬へ移っていくことになるでしょう。

サイクルの短期化に注意

　ただし、利上げにもかかわらず長期金利が低下するようなら、長短金利差の縮小はもっと早いペースで起こります。その場合は、シナリオ1でも季節の移り変わりが早いことになります。「今の金融引き締めが予想以上に早く景気減速につながるぞ」という市場からのメッセージなので注意が必要です。

米国は引き締め、ユーロ圏・日本は緩和で米ドル高に

　今回の米国の利上げで特徴的なのは、同じ先進国でありながら、米国とユーロ圏や日本とで金融政策の方向性が異なることです。

　米国は利上げを実施しましたが、ユーロ圏も日本も金融緩和が継続されていることから（第7章「ユーロ圏という大国」、第8章「追い風に乗る日本」を参照ください）、以下のような事態が起こり、米ドル高が進行しつつあります。

①ユーロ圏や日本から米国へ投資資金が流入：

　米国の良質な金融市場において購入競争が起こり、バブル化。

②金融市場のバブルを回避するため、FRBが予想以上のペースで利上げ：

　景気が利上げに追いつかず、前述の通り、早いタイミングで景気減速、景気サイクルの短期化に注意。

③利上げ前に運用に使うドル資金を確保するニーズが高まる：

　米ドル資金の調達が徐々に困難になり、米ドル調達コストが上昇。

解　説

▶ 為替ヘッジ付ドル資金調達で、日本の債券利回りがマイナスに

　低（ゼロ）金利政策が続く日本やユーロ圏は、少しでも金利が高く安全と思われる米国へ投資資金をシフトしたいはずです。日本の投資家が、円資金を米国債で運用する場合を考えてみましょう。

為替ヘッジとは

　日本の投資家は、円を米ドルに換えて（円売り米ドル買い）米国債を購入し、将来米国債を売却したら、戻って来た米ドルを円に換える（米ドル売り円買い）ため、為替変動リスクが生じてしまいます。

　この為替変動リスクを回避する手法の1つが、「為替ヘッジ」です。これは、円売り米ドル買いの際に、投資期間に応じて為替予約を行い、将来の米ドル売り円買いレートを決めることで、前もって為替による損得をある程度確定しておくというものです。つまり、為替ヘッジを付けて米国債を購入すれば、為替変動リスクができるだけ軽減した状態で、資金の運用ができますが、当然ながら、それにはコストがかかります。

6-9 為替ヘッジ

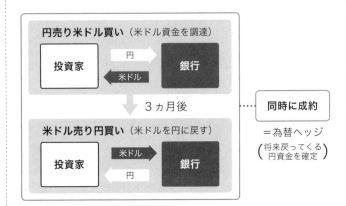

日本では為替ヘッジコストが上昇

　教科書的には米国と日本の内外金利差が為替ヘッジのコストとなりますが、実際には、需給によって、内外金利差にベーシススワップ（この場合は異なる通貨同士の変動金利の交換を言う）での金利(ベーシス)が上乗せされます。「円売り米ドル買い＋円買い米ドル売りヘッジ」という為替取引をしたい人が多ければ、ベーシスは高くなります。

　例えば、日米の短期金利差（1年間）が1％、ベーシスが0.7％だとすると、為替ヘッジコストは1.7％となります。

　つまり、為替ヘッジによって為替変動リスクを負わないかわ

りに、米国債利回りからヘッジコストを差し引いて最終的な運用利回り（投資損益）を考える必要が出てきます。

6-10 ドル調達　上乗せ金利（ベーシス、期間1年）

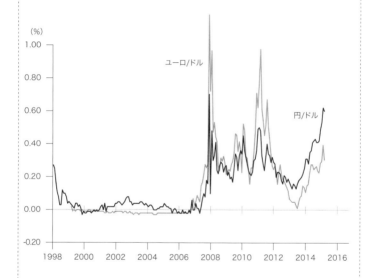

注）上乗せ金利はベーシス金利をプラス符号で表示
出所）Bloomberg

米国では為替ヘッジコストがプレミアムに

　一方で、米ドル資金を保有する米国の投資家からこのヘッジコストを見てみると、日本と逆のことが起こります。簡単に言

えば、「米ドル売り円買い→米ドル買い円売り」という為替ヘッジをすれば、1.7％のプレミアム（−1.7％のコスト、ここではベーシスの売り買いによるレートの違いは無いとします）が受け取れることになります。

現在、需給要因から、米国の投資家は為替ヘッジで高いプレミアムを受け取れる状況になっています。そのため、たとえ日

6−11

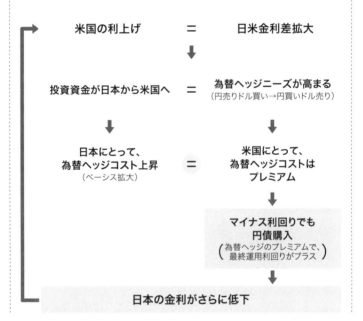

本の債券利回りがマイナスでも、為替ヘッジによるプレミアム
が加算されることから、投資損益は十分プラスとなるのです。

日本の債券利回りがマイナス、ベーシスが上昇の悪循環

　現在の為替ヘッジコストと日本の金利の関係は、<図6-11>
の通りに循環しています。米国の利上げが継続されれば、米国
投資家は、為替ヘッジコストのプレミアム化に伴い、更に円債
を購入できることから、日本の債券のマイナス金利幅は拡大す
る可能性があります。

日本の量的・質的金融緩和に壁あり

　日銀は、大胆な金融緩和策の柱として、年間80兆円を目標
に市中から国債を購入しています。しかし、海外投資家がマイ
ナス利回りで日本国債を大量購入しているため、特に短中期国
債が品薄となっています。また、2016年は、短中期国債の発
行が減る可能性があることから、日銀は買い入れ対象を長期国
債にまで拡大すると予測され始めています。

　海外から日本への投資資金の流入は、今後の日銀の金融政策
に大きく影響を与えそうです。

ABOUT THE ECONOMY, INVESTMENTS AND INTEREST RATES

結局、ドル高

　米国の利上げによる将来のドル高リスクを回避するために、為替ヘッジという手段を考えてきましたが、コストが上昇すると、米国債利回りとの兼ね合いで為替ヘッジ付の投資妙味が薄れてきます。すると、今度は、為替ヘッジをしないで（アンヘッジ）、つまり、為替リスクを享受したまま米国債を購入するため、購入時の「円売りドル買い」だけが実現することから、米国の利上げは、最終的にはドル高につながります。

4　シナリオ2は、新興国の行方が鍵

金融政策サイクルは3周目に突入か

　シナリオ2は、米国景気の減速の可能性が早期に高まり、「金融緩和（利下げ）」を行うシナリオです。季節が早いペースで進み、短い秋の後に直ぐ冬が訪れます。信用サイクルの観点から米国経済だけを考えた場合、金融緩和を実施すべき環境が目前にあるとは想定しづらいのですが、同じような事例が1990年代後半にありました。鍵を握るのは新興国です。

1990年代後半の新興国

◉ 新興国危機

第6章　すべては米国から始まる

　新興国経済の減速が「危機」と呼ばれるまで深刻化したのが1990年代後半です。当時の米国は、1997年3月に利上げを実施できたほど、国内景気は好調でした。一方で新興国では、米ドル高による外貨準備高の減少が進み、1997年にアジア危機、1998年にロシア危機が発生しました。

● 新興国を救った協調ドル売り介入

　当時、ロシア債券に係わるポジションを多く抱えていたLTCMという米系ヘッジファンドが経営困難な状況に陥りました。こうした新興国での危機が米国経済や米国の金融システムに伝播することを避けるため、グリーンスパン（当時FRB議長）は、1998年9月に緊急利下げを実施しました。また、米ドル／円が145円を付けるなど米ドル高が行き過ぎたため、米ドル水準を修正するため、日米による協調ドル売り介入が実施されました。

● 1990年代終盤3周目が誕生

　新興国経済は、米国の利下げや主要国の為替協調介入の成果で、その後は持ち直しに向かいました。そして、1990年代前半から始まった米国の金融政策サイクル（景気サイクル）は、結局3周目が誕生しました。（P51 グラフ3-2）

次の危機を招く新興国は？

　第5章でお話しした通り、中国をはじめとした幾つかの新興国経済は、米国などの先進国経済が総じて良好であるにもかかわらず現在減速傾向にあると言えます。今後、1990年代後半の新興国危機が再現されるとすれば、どの国を注視しておくべきかを考えてみます。

● フラジャイル5

「フラジャイル5（フラジャイル・ファイブ）」は、「脆弱な5通貨」という意味で、FRBの量的緩和縮小に伴って下落が進みやすい新興国通貨の総称です。2013年、ある外資系証券会社により名付けられました。具体的には、ブラジル、インド、インドネシア、トルコ、南アフリカの5ヵ国の通貨を指します。この5ヵ国は、共通して、高いインフレ率や経常収支の赤字で、外国資金への依存度が高いという問題を抱えていました。

　しかし、その後、インドについては、2014年に誕生したモディ新政権が、経済改革を進め、株価や為替が堅調に推移するなど、改革の成果は市場参加者から高い評価を得ています。

　つまり、フラジャイル5から考えると、インドを除く4ヵ国が要注視国と言えるでしょう。

第6章 すべては米国から始まる

● ヒントになる「外貨準備高増加率」と「民間向け融資増加率」

　第5章で述べた通り、急激な通貨高に為替介入で対応した新興国においては、外貨準備高の増加と実質的な金融緩和効果をもたらし、景気の過熱に繋がり易くなる一方で、輸出競争力の低下や輸入増加による経常収支の悪化も招きます。

　また、民間向けの融資が経済成長より高い伸び率を示す国では、

6-12　外貨準備高増加率と民間向け融資増加率

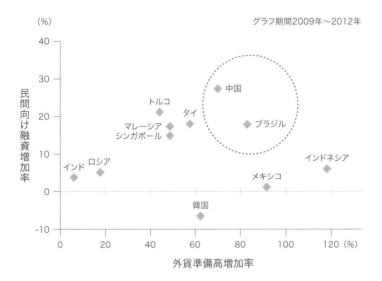

注）民間向け融資増加率は、対GDP比率の変化幅
出所）BIS、Bloomberg

総じて生産性が低い案件への融資が増える傾向があり、将来的に不良債権化するリスクが高くなります。

つまり、外貨準備高の増加率が高く、民間向け融資伸び率の高い国が要注視国となり、具体的には、ブラジル、中国がこれに当たります。また、マレーシア、タイ、シンガポールなどのアセアン（ASEAN）諸国やトルコなどが次の注視国となります。ちなみに、インドは、この分類においても要注視国から外れます。

● 「山高ければ谷深し」～岐路に立つブラジル経済

相場の格言に「山高ければ谷深し」という一言があります。大相場の後の下げ幅は必然的に大きい、という意味ですが、まさにブラジルにも当てはまります。かねてより、ブラジルは、コーヒー、砂糖、牛肉などの農産物や鉄鉱石などを輸出する天然資源国として知られていますが、2007年以降ブラジルに未だかつてない山と谷が訪れています。

・春（2009年）：

2007年10月、ブラジルでの2014年サッカーワールドカップ（W杯）の開催が決定し、ブラジルに注目が集まる。加えて、世界金融危機以降に商品市況が上昇したことや海洋沖で大規模な油田が発見されたことなどが追い風となり、ブラジルへの投資ブームが

第6章　すべては米国から始まる

6-13　ブラジル政策金利、GDPの推移

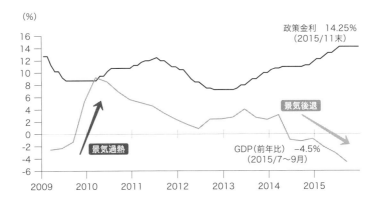

6-14　ブラジルレアル/円の推移

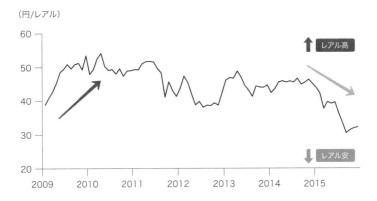

出所）Bloomberg

到来。ブラジル金融市場は株高、通貨高、金利低下（債券価格高）のトリプル高。

・夏（2010年）:

　経済成長率が9％まで上昇、景気は過熱。金利低下を追い風としたクレジットカードの普及で個人消費が旺盛。W杯向けの建設も本格化。インフレ圧力が台頭し始め、ブラジル中銀（ブラジル中央銀行）は、2010年4月から利上げ開始。

　ちなみに、首都ブラジリアにあるサッカー場の総工費は約640億円に上るが、ここでのW杯の試合は数試合しか行われず、その後、維持費だけでも毎月2000万円を要することが判明し、後に国民の反感を買うことになる。

・秋（2011年）:

　インフレ率を目標の上限である6.5%に押さえるべく、ブラジル中銀は利上げを継続。一方で、新興国の中でも突出して通貨高となったことが国内製造業の減退につながり景気減速が鮮明となる。2011年8月から利下げ開始。

・冬（2012年〜）:

　景気減速で利下げを行うも、通貨安や積極財政がインフレ高を

呼ぶこととなる。ブラジル中銀は通貨防衛のため2013年4月から再び利上げを開始したが、投資資金の国外流出から通貨安が止まらず。

2015年7〜9月のGDP成長率は前年同期比で−4.5％と過去20年で最悪。また、国営石油会社ペトロブラスを巡る汚職疑惑で政治が混乱し、12月に予定されていたルセフ大統領の訪日も延期に。2015年にブラジルは格下げとなる。

2009年末と比較して2015年は、株価−35％、通貨（対円）−40％、政策金利+5.5％。いまだ、景気回復の糸口は見えてこない。

中国、外貨建債務を返済できるか

2015年8月11日、突然、中国人民銀行は2％近い人民元の切り下げを実施しました。この切り下げは、13日まで3日連続で行われ、その間の人民元の下落幅は4.5％に達し、これに伴い、金融市場においては主に新興国の通貨、株式、債券市場のいずれもが下落しました。いわゆる「人民元ショック」です。

過去には1992年に英ポンドが、1997年にアジア通貨が、また、最近では12月にアルゼンチンペソが切り下げになりました。

まず、「通貨を切り下げた」という意味は、固定相場制を導入するなど為替市場に介入することで自国の為替レートをコントロールしている国が、為替介入を行わず、自国通貨価値（水準）

の下落を容認することです。

そして、国が自国通貨の価値下落を容認する背景として、一般的には、国の外貨準備高の減少が挙げられます。例えば、自国への信頼が揺らぎ、「自国通貨売り／米ドル買い」が殺到して自国通貨安となる場合、中央銀行は、外貨準備で保有する米ドルを利用し、「自国通貨買い／米ドル売り」介入を行うことで為替レートの維持に努めます。しかし、外貨準備高が減少する、または底を尽きる段階で、中央銀行は為替介入を断念せざるを得ず、結果的に自国通貨は米ドルに対して大幅に下落する、すなわち、国が自国通貨価値の下落を容認することになるのです。

ただ、今回の人民元切り下げの背景としては、外貨準備高の減少よりも、「IMFの勧告に従って人民元改革を行った」「中国政府の輸出テコ入れを狙った景気刺激策の一環である」など、前向きな要因が多く挙げられており、中国に対する信頼が揺らいだ結果の通貨切り下げではなさそうです。

しかし、「人民元ショック」と言われるほどの金融市場の反応を無視してはいけません。

今後も人民元や新興国通貨が下落し続けた場合、最も懸念されることは、新興国企業の外貨建債務の返済です。

世界金融危機以降の世界的な金利低下局面が訪れたため、新興国企業は積極的に外貨建債券を発行して資金調達を行ってきまし

た。BISによると、2007年12月時点で210億ドルであった中国の外貨建債券発行残高は、2015年6月時点で2671億ドルとたった8年弱で10倍以上に増加し、今では新興国の中で最大となっています。

　当然ながら外貨建債券には為替リスクがあり、通常は為替ヘッジを行うことでそのリスクをある程度回避しますが、新興国の金融市場では、為替ヘッジ等一部の市場が未整備であったため、為替ヘッジ等を行わず、為替リスクを負ったまま外貨建債券を発行しているケースが多いと考えられます。

　今後、人民元などの新興国通貨が下落した場合、新興国企業が発行した外貨建債券の償還時における返済額が膨張することが想定されます。そのため、新興国企業で資金繰り難や為替差損が発生し、デフォルトに繋がる可能性があります。

　人民元ショック時に示した金融市場の動き（新興国の通貨、株式、債券市場が下落）は、「人民元切り下げが新興国に与えるマイナスの影響に注視すべきだ」という金融市場の警告だと思われます。

米ドル高が米国をダメにする時、緩和を決断か

● 米国の景気がまだ波及していない新興国

　新興国の景気が減速傾向にあるのは、これまでの米ドル高を背

景にした「外貨準備高の減少」≒「国内マネタリーベースの縮小」が大きな要因であることから、新興国の景気回復には、海外ドルの増加に伴う米ドル安が即効薬となるはずですが、①米国が金融引き締め局面にあること、②エネルギー革命を受けた石油の輸入で米貿易赤字が予想より拡大していないことなどから、今のままでは米ドル安への転換はあまり期待できません。

● 米ドル高が米国をダメにする時、景気刺激策を発動か

「米貿易赤字縮小による米ドル高 => 新興国の外貨準備縮小 => 新興国国内のマネー不足」の構図は、1990年代も現在も同じです。

シナリオ2を描くうえで注目すべきポイントは、

・新興国減速がさらに深刻化し、

・米ドル高が行き過ぎた水準まで進み、

・このままでは米国経済も危ない

という3点です。この場合、金融緩和や米ドル売り介入などの景気刺激策が発動される可能性があります。

ただし、このシナリオ2の場合でも、上向きの信用サイクルに支えられて、米国景気は大きな落ち込みもなく1998年同様に再浮上すると思われます。

第6章 すべては米国から始まる

5 シナリオ3 信用スプレッドは盤石か 異例の事態発生

危機では銀行間与信残高が激減

　＜グラフ6-15＞は、BIS（国際決済銀行）が世界の銀行信用データに基づき、四半期毎に算出するGlobal liquidity indicatorsと呼ばれるもので、国際間（クロスボーダー）における与信残高

6-15 国際間与信残高の伸び率（前年比）

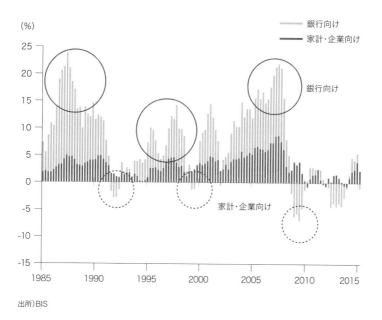

出所）BIS

の伸び率（前年比）を、対銀行と対家計・企業など（非銀行）に分けて示しています。要は、銀行が銀行向けに、または、銀行が非銀行部門（家計や企業）向けに、それぞれ融資等を伸ばしているか否かがわかります。

　特に銀行向けの与信残高伸び率は、1980年代（商業不動産バブル）、1990年代（新興国、ITバブル）、2000年代（住宅バブル）の各バブルに向けては躍進し、その直後金融危機を迎えると急低下します。まさに金融危機とは、銀行が銀行を信用できなくなるという事態なのです。当然ながら、融資が活発であればあるほど、金融危機によりその融資が断ち切られた場合、融資先の銀行だけでなく、その先にいる企業等も危機に陥るという負の連鎖は更なる景気後退の要因ともなります。

異例の事態回避のために自己資本規制を強化

　シナリオ3は、信用リスクが急速に高まり、銀行融資姿勢が完全消極化するケースです。

　過去の信用サイクルのボトムで、銀行などの金融システムに不安が生じたことがあります。例えば、新興国や商品市況に関連する企業に多く貸出しをしていた一部金融機関への不安が広まり、金融機関の大幅な貸し渋りが生じる場合などです。

　＜グラフ6–15＞を見ると、2015年第2四半期の国際間外貨建

て与信残高は全体で+3.2%（前年比）にとどまっています。この銀行の融資に対する慎重姿勢は、世界金融危機および欧州債務危機の余波がまだ続いており、世界的には銀行が国際間の融資にいまだ消極的であることに加え、国際業務を行う銀行の健全性維持のためにリスク性資産の保有を制限するなど、新たな自己資本規制（バーゼルⅢ）が設けられたことが背景にあるようです。

この与信残高の伸び率を見る限り、現時点では、世界的な金融危機に繋がる信用収縮リスクは少ないと思われます。

社債スプレッドの急拡大は異例の事態の前兆

ただし、異例の事態が起こり得る前兆の1つとして、社債の想定外の大量売却（価格の下落）、つまり、社債スプレッドの急拡大には注意が必要です。

実は、2007年の世界金融危機を招いたきっかけの1つは、サブプライムローンなど流動性の乏しい市場に投資を行っていたオープンエンド型投信が同年8月9日に清算したこと（いわゆる「パリバショック」）だと言われています。

また、最近では、2015年12月9日、米国の運用会社サードアベニューマネジメント社が低格付け（ハイイールド）社債に投資するファンド（投資信託、略して投信）の清算を決定しました。同社は社債市場の流動性が低下してきたことで、ファンド解約に伴

う保有資産の売却が困難になったと判断し、解約停止の措置をとるに至りました。

この2社の清算が問題視される理由は、投資家がいつでも自由に追加設定や解約を行えるはずの「オープンエンド型」投信が一切解約できなくなったことです。それ故、パリバショックの際には、「オープンエンド型」と呼ばれる投信全体に不信感が広がり、投資家たちは我先にと換金売りに走り、社債スプレッドが急拡大しました。さらに、大量の換金売りは、流動性がない中で資産売却を強いられることでファンドの評価額を低下させるばかりか、更なる投資家の解約を招くことになり、連鎖的に市場の下落を巻き起こす結果となりました。

IMFの警告

かねてより、IMFは、この換金売りのリスクに対して警告を発しています。

2014年10月のGFSR（国際金融安定性報告書）では、世界のハイイールド債の27%は投信が保有するとともに、資産運用業界の集中が進んでいることで（資産運用会社上位10社の運用資産が19兆ドル）、ひとたび金融危機が生じた際には、市場では一方向に過剰な反応が起こり得ると述べています。

また、2015年4月のGFSRでは、投信やETFなどに代表される

レバレッジ比率の低い、「プレーン・バニラ（「わかりやすい、シンプル」という意味）」とも称される商品においても、解約が簡単で真っ先に売り抜けが可能である特性が利用され、売りが殺到することで起こる価格変動が金融システム全体に悪影響を及ぼす可能性があると述べています。

皮肉にも自己資本規制が異例の事態を招く恐れも

　世界金融危機以降、銀行に対する自己資本規制が強化されていることから、サードアベニューマネジメント社の清算に伴う市場の混乱が銀行などの金融システム不安に直結する可能性は少ないと思われます。

　その反面、皮肉にもリスク性資産の保有を制限するなど銀行に対する規制強化が、低格付け社債をはじめとする社債の買い手（市場参加者）を減少させる結果となっており、買い手が少ない中での換金売りは、価格が下落しても更に売却せざるを得ないという負の連鎖を呼ぶことになり兼ねません。

　社債スプレッドやスワップスプレッドが急拡大する場合は、この異例の事態かもしれません。

ABOUT THE ECONOMY, INVESTMENTS AND INTEREST RATES

「今」+New、
修正力を研ぎ澄ませ

　シナリオの策定やその修正は、ゴルフで戦略を立てることに似ています。なかなか思い通りにはいかないものです。

・今日を知る　　　　：自分の調子、天気、芝の状態を確認。

・戦略を立てる　　　：ドライバーで右から攻める。

・予想外の事態・失敗：突然の雨。バンカー。右の予定が左に。

・戦略の修正　　　　：まずバンカーから脱出。左から攻める。

　予想外の出来事に直面した時、臨機応変に、かつ冷静に戦略を立て直すことが求められます。

　景気のどの局面にいても、「今」を起点に描いたシナリオに、今後出てくる新たな材料を加えて、シナリオを修正し、絞込み、または、新たなシナリオを追加していけば、いつでも自分で景気を予測していくことができます。

　この「シナリオの軌道修正力」を磨くことが特に重要です。

第 7 章

ユーロ圏という
大国

ABOUT THE ECONOMY,
INVESTMENTS
AND INTEREST RATES

ABOUT THE ECONOMY, INVESTMENTS AND INTEREST RATES

他に類を見ない
ユーロ圏事情

1 ユーロの誕生

　昔は欧州を旅行すると、フランスはフラン、イタリアはリラなど国毎に通貨が違い、両替がいちいち面倒でしたし、手数料ばかり取られていたような記憶があります。

　ユーロが金融市場に導入されたのが1999年1月1日、実際に現金で流通し始めたのが2002年1月1日です。今では、通貨に「ユーロ」を使用するユーロ圏には、2015年10月末現在で19ヵ国が加盟し、人口は全体で4億人を超え、経済（GDP）は約13兆ドルです。ユーロ圏全体をひとつの国と捉えると、日本に比べて人口で約4倍、経済規模で約3倍でとなり、まさに一大経済国です。

2 一律の金融政策、バラバラの財政政策

　金融政策とは、世の中に流通する通貨量を調節することです。

つまり金融政策は、国ごとではなく、通貨ごとに行われます。

　ユーロ圏加盟国は19か国もあるのに、通貨はユーロ１つなので、金融政策は一律で、政策金利は１つだけしか存在しません。

　外からユーロ圏を見れば、全体は１つの金融政策に基づく大きな景気サイクルで動くのですが、ユーロ圏の中を見ると、通貨と金融政策は一律でも、政治や財政は各国が主権を握るという、ある意味統一性に欠ける体制が構築されていました。

3　差がつく国の信用力

　同じ通貨、同じ金融政策（政策金利）に基づくが故に、金融政策の効果が国によって異なり、景気の水準に差が生じることから、将来、国債で調達した資金が全額返済できるのか、という国の信用力に差が出始めます。要は、ユーロ圏の国同士で格付けの差が生じたのです。

　実際、ギリシャは、2012年3月に実質的なデフォルト状態となり、一部の国債に関して元本の約５割が返済免除となりました。要は借金を返せなかったのです。その後も、政治が不安定化する毎にデフォルト懸念が高まる状態が続いており、ユーロ圏諸国の中で、ギリシャの信用力の低さは際立っています。

ABOUT THE ECONOMY, INVESTMENTS AND INTEREST RATES

先頭に立つドイツ

1 金融政策は昔も今も米国に追随

　世界を知るには、まず米国を見るように、ユーロ圏の全体を知るには、まずドイツを見るべきです。

　ドイツの景気は、米国に追随します。

　＜グラフ7−1＞の通り、ユーロ圏の金融政策は、ドイツマルクの時代からユーロに変わっても、基本的には、米国の後を追っています。1990年代前半に一度だけ、米国とドイツで政策金利が大きく乖離しますが、これは、東西ドイツ統一という特殊要因です。

　ドイツは第二次世界大戦後から40年にわたって社会主義の東ドイツと資本主義の西ドイツに分断されていましたが、1989年にベルリンの壁が崩壊し、1990年に統一されました。

　統一ブームで景気が大きく盛り上がり、当時、ドイツだけが利上げを実施しました。ブームが落ち着くと、利下げすることにな

り、結果的にまた米国に追随し始めます。

なお、金融政策を行う中央銀行は、ユーロ発足前のドイツはドイツ連邦銀行、発足後はECB（欧州中央銀行）となっています。

7-1 政策金利の推移

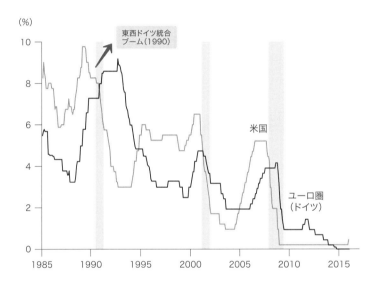

注）シャドーは米国景気後退局面（NBER）
出所）Bloomberg

2 長短金利差もまた然り

＜グラフ7-2＞の通り、1990年代前半、政策金利の乖離から一時長短金利差が正反対に動きますが、ドイツの金融政策が、米国に追随するなら、長短金利差も米国に追随します。

7-2 米-独金利差の推移

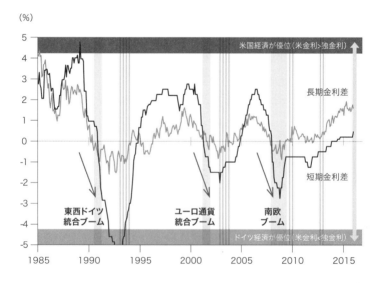

注）シャドーは米国景気後退局面（NBER）、縦線はドイツ景気後退局面（連続マイナス成長）
出所）Bloomberg

第7章　ユーロ圏という大国

欧州債務危機が
勃発

1　一国の危機がユーロ危機へ発展

2009年、ギリシャの財政赤字の誤魔化しが発覚しました。その後、この問題はギリシャにとどまらず、南欧を中心とした他のユーロ圏諸国に飛び火しました。

イタリアやスペインなど借金を多く抱える国が次々と格下げされ、一時ユーロ圏諸国の国債利回りが急上昇しました。これにより、ユーロ圏の国そのものに対する信用力を意味する「ソブリンリスク」の高まりが囁かれるようになります。これが欧州債務危機です。

ちなみに日本では、ユーロ安円高が進み、12年ぶりにユーロ/円が100円を割り込んだことで、ルイ・ヴィトン等の欧州ブランド品や欧州産ワインが安く買えるという円高メリットを享受した人も多かったはずです。

173

2 要は、信用サイクル

この欧州債務危機が起こった背景は、国（ソブリン）に対する信用サイクルの仕組みそのものです。

第4章での信用サイクルは、債券の発行体の信用力が資金調達コスト（長期の債務返済能力の有無）で変わることを前提に、信用力が低下すると、社債スプレッド（10年社債利回り－10年国債利回り）が拡大するという考え方でした。

ユーロ圏を1つの国と考えると、国債がドイツ国債、社債が南欧国債にあたりますが、もっと具体化して、南欧をスペインとします。そうすると、社債スプレッドにあたるのは、「10年スペイン国債利回り－10年ドイツ国債利回り」の国債スプレッドになります。この国債スプレッドを使って、ユーロ圏の信用サイクルを考えてみましょう。

スペインのソブリンリスクが低い（信用力が高い）時は、国債スプレッド縮小、ソブリンリスクが高い（信用力が低い）時は、国債スプレッド拡大です。

3 スペインの4つの局面

①リスクオン局面 「ユーロに期待し、スプレッド縮小」

　ユーロ加盟に向けての期待感から海外からスペインに資金が流入。言い換えると、財務緊縮局面から脱却し、財政が改善され、海外からの資金調達がしやすい景気が好調な時期。ソブリンリスクが低下し、国債スプレッドは縮小。

　スペインは、2001年12月に最高ランクのAaa（ムーディーズ）、2004年12月にもAAA（S&P）に格付けされたことからも、当時のスペインの信用力の高さが証明される。

②レバレッジ局面 「借入増加で、ややスプレッド拡大」

　景気を刺激するため、国債の発行を増やし、借金拡大。その結果、財政は、海外からの投資資金に頼ることになり、ソブリンリスクが顔を出し始める。

③リスクオフ局面 「ソブリンリスクが発覚し、スプレッド急拡大」

　ソブリンリスクが顕在化し、海外投資家が資金を引き上げたため、スペイン国債利回りが急上昇し、スプレッドも急拡大。

　これが、まさしく欧州債務危機。

7-3 国債スプレッドの推移

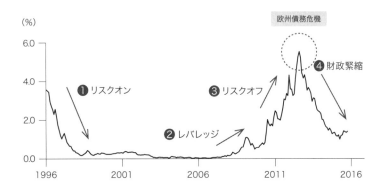

国債スプレッド=10年スペイン国債利回り−10年ドイツ国債利回り

7-4 スペイン財政収支(マイナスは財政赤字)

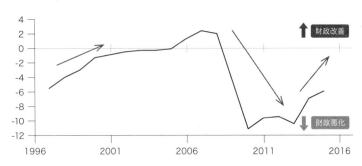

出所)Bloomberg

スペインの信用力は大幅に低下し、2012年には、Baa3（ムーディーズ）、BBB −（S&P）にまで格下げされる。

④財務緊縮局面　「財政健全化で、信用力が徐々に回復」

財政赤字削減、輸出の増加による貿易赤字縮小等により、財政が健全化される時期。ソブリンリスクが低下し、スペインの格付けは若干ながら格上げされ、2015年10月現在、Baa2（ムーディーズ）、BBB+（S&P）となる。

4　スペインに見えてきた光と2つの影

財政健全化という光

スペインは、2011年11月の総選挙で国民党が勝利し、ラホイ政権が誕生しました。ラホイ政権は、日本の消費税にあたる付加価値税（VAT）の引き上げ18% → 21%や官庁予算のカットなどを軸とした経済改革を進め、欧州債務危機からの脱却を図ってきました。スペイン政府によると、財政収支は、2015年に − 4.2%、2016年に − 2.8%、そして、2017年には − 1.4%と財務緊縮（= 財政の健全化）が進む見通しとなっており、順調に回復軌道に乗っていると見られます。

反緊縮財政という民意の影

スペインでは、2015年12月20日に総選挙が行われました。国民党のラホイ政権は辛くも勝利を収めましたが、経済改革により財政が健全化する一方で、失業率の増加等が国民の生活を苦しめていることから、ラホイ政権への支持率低下が明確化しました。

国民党や最大野党である社会労働党の議席数が伸び悩む中、今回の選挙で躍進したのは、極左政党の「ポデモス」です。ポデモスは、若き指導者イグレシアスを党首とし、ギリシャのチプラス首相が率いるSYRIAZ（急進左派連合）と友好関係にある政党です。

SYRIAZと言えば、2015年1月に「反緊縮財政」をスローガンに誕生した結果、一層の緊縮策を求めるEU（欧州連合）との交渉が行き詰まり、再度ギリシャはデフォルト危機に陥りました。結果的には、ある程度緊縮策を受け入れる形で、EUから金融支援を受け、デフォルトを回避しましたが、2015年7月には、ユーロ圏残留は前提としながらも、更なる緊縮財政の可否を問う国民投票でギリシャ国民から「NO（拒否）」の民意を引き出し、2015年9月の選挙で再び勝利を収めるなど、それまでの財政削減策の方針転換を唱えたことで、世界の注目を浴びました。

スペインのポデモスもSYRIAZ同様に、これまでのスペインの経済改革の見直しや国債債務の再編を主張しています。

ラホイ政権（国民党）によって緊縮財政が強行に継続される場合、国民の支持がポデモスに動く可能性があり、今後のポデモスの勢力は、スペインが欧州債務危機から早期に立ち直れるかどうかの懸念材料と言えそうです。

カタルーニャ州が更なる影となるか

スペインの総選挙の他に、カタルーニャ州の独立運動もスペイン復活の懸念材料とされています。

カタルーニャ州は、観光都市として有名なバルセロナを含むことから、スペイン随一とも言われる経済的豊かさを誇ります。同州は、中世にスペイン国家に編入した歴史を持ちますが、独自の言語を話すなど以前から独立意識が高く、2014年にはスペインからの独立の是非を問う住民投票を行うなど独立運動は勢いを増しています。

ラホイ政権は、この住民投票での独立可決を違憲として、カタルーニャ州の独立作業を一切認めていませんが、将来、カタルーニャ州が独立した場合、スペインは、経済の柱を失うことから、格下げのリスクが高いと思われます。

今後のラホイ政権の求心力やカタルーニャ州の動向には注意が必要です。

ポルトガル、君もか。

ポルトガルは、財政危機に陥った2011年以降、社会民主党中心の中道右派連立政権が財政再建のため、歳出削減（緊縮策）を進めてきたが、2015年10月の選挙で、中道右派連立政権は過半数を割り込んでいました。

2015年11月24日、最大野党社会党（中道左派）のコスタ党首が首相に指名され、4年ぶりに政権が交代し、財政緊縮に反対する立場の左派連立政権が誕生します。今後、財政緊縮策は若干とはいえ緩和されると言われています。

南欧は、ギリシャ、スペインに次いで、ポルトガルでも、国民が厳しい財政緊縮策による生活苦に悲鳴を上げ始めている状況は、財政健全化の速度を鈍らせる要因となり、今後のEUとの交渉や支援策に影響を与えることから、ユーロ圏全体の懸念材料となりそうです。

第7章 ユーロ圏という大国

欧州の今後の行方

1 12年前の日本は今の欧州

7-5 ドイツ金利(2008〜)と日本金利(1996〜)

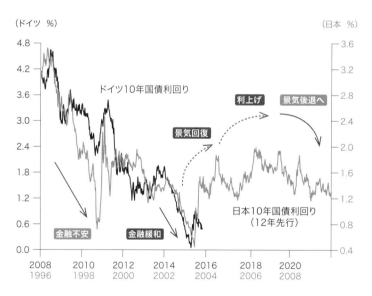

出所)Bloomberg

＜グラフ7-5＞の通り、12年前の日本と今のドイツと比べてみると、10年国債利回りの推移は驚くほど似ています。

現在（2015年）のドイツは2003年ころの日本を思い起こさせます。当時の日本は、デフレ懸念払拭のため、金融緩和を行い、景気は回復したかに見えていました。しかしながら、2006年からの利上げ（ゼロ金利政策の解除）が、結果的には回復しかけていた景気の腰を砕くこととなったのです。

2 「欧州の日本化」はあるか?

ドイツ主導の利上げが危機を招く?

ユーロ発足前のドイツでは、ドイツ連銀は第二次世界大戦後のハイパーインフレ（急激なインフレ）の教訓からタカ派的（インフレに厳しい）な金融政策が運営されていたことから、ドイツの強硬な利上げが金融危機を招いたと言える事例があります。これは、中央銀行がドイツ連銀からECBに変わっても、同様な事例が見られました。

1987年：G7ルーブル合意に基づく協調利下げを拒否し利上げ
　　　　→ ブラックマンデーへ

1997年：独マルク安による輸出好調で利上げ → アジア危機へ

2008年：原油高に伴うインフレ高への対応で利上げ → 世界金
　　　融危機へ

2011年：同じくインフレ高への対応 → 欧州債務危機へ

2015年12月3日、ECB追加緩和実施

● 緩和継続を発表

　2015年12月3日、ECBは追加緩和を実施しました。主な内容は、次の3つです。

・量的金融緩和の期間延長：

　ECBが債券の買入期限を、まずは2016年9月から2017年3月
　に延長。

・購入対象債券を拡大：

　ECBが購入する債券に、ドイツなどの州政府が発行する
　ユーロ建て地方債を追加。

・ECB預金手数料引き上げ：

　ECBに余剰資金を預ける際の金利（マイナス金利）を、
　0.1%上乗せし、−0.2%から−0.3%に変更。

● またしてもドイツが反対

　ECBは追加緩和策を発表したものの、ECBの債券買入額の拡
大も預金金利の大幅引き下げ（マイナス金利の大幅上乗せ）も見

送ることとなり、市場の事前予想を下回ることとなりました。

その背景には、「景気は回復基調」＝「緩和策は不要」とするドイツを中心に北欧勢の反発があったようです。

ドラギECB総裁は、「景気の先行き不安」から2015年10月以降、大胆な緩和策に踏み込む姿勢をアピールし続けていただけに、景気の先行きに対して、ユーロ圏内で認識にズレがあることを露呈しました。

その結果、12月3日の欧米市場では、「株安、ドル安ユーロ高、金利上昇」となりました。これは、将来、ECBが出口戦略に向かうときの市場の動きを示唆しているのかもしれません。

ドラギ総裁は「欧州の日本化」を避けられるか

とはいえ、ユーロ圏は、2015年に入り、景気は緩やかながらも回復傾向にあります。また、現在は、原油価格が下落していることを背景に、足元のインフレは低下していますが、いったん原油価格が反転するなどデフレ圧力が緩和されれば、再びドイツ連銀中心にタカ派の意見が台頭しやすくなります。ただ、利上げが早すぎると、12年前の日本同様、利上げが景気の腰を砕き、最終的には再び金融危機を招く恐れもあるのです。

今後、日本の軌跡に別れを告げ、本格的に景気回復が欧州全体に定着するのか、あるいはこのまま、日本の軌跡をたどってしま

第7章　ユーロ圏という大国

うのかは、ひとえに金融政策を決定するドラギECB総裁の手腕にかかっていると言えます。

　ドラギECB総裁は、当面金融緩和を継続する姿勢を示していますが、2019年10月で総裁の任期満了を目途に、景気を確認しながらも金融政策の方針を転換するかもしれません。今後のECBの金融政策の一手一手はもちろん、ドラギECB総裁の発言にも注目です。

解　説

▶ ECBに預金すると金利がマイナス？

　日常生活では、預金すると金利を受け取るのが一般的ですが、現在、ECBの預金金利がマイナス金利となっています。つまり、預金をするのに、さらに金利を払わなくてはいけないのです。

　では、市中の銀行は、金利を払ってまでなぜECBに預金をするのでしょうか？

　それは、安心して貸し出せる相手が少ないからです。金融緩和により市中の銀行に放出された資金は、焦げ付きを恐れて融資に使われず、銀行に溜まります。例えば、現金（紙幣）で銀行の地下金庫に置いておければよいのですが、安全性、スペース、輸送手段などかえってコストがかかります。また、金利が

受け取れる他の銀行に預金できればいいのですが、預金先の銀行にさえリスクを感じ、預けられません。最終的に信用できるのはECBだけとなり、手数料（金利）を支払ってでもECBに現金を預かってもらいたいというニーズが高まっているのが現状です。

ECBは、12月3日の追加緩和でその手数料を引上げ、銀行に対し、市中の企業や銀行に融資するよう促しましたが、融資の焦げ付きは自己責任になることから、融資先となる企業や銀行の信用力が向上しないと安心して融資できないという現実もあります。

結局は、ECBが景気回復を確実なものにしない限り、ECBの預金金利はマイナスのまま推移しそうです。

第 **8** 章

追い風に乗る
日本

ABOUT THE ECONOMY,
INVESTMENTS
AND INTEREST RATES

ABOUT THE ECONOMY, INVESTMENTS AND INTEREST RATES

景気循環の歴史から
学べること

　景気の推移を見るうえで、米国のISM製造業景況指数を使い
ましたが、日本では、企業短期経済観測調査（通称、日銀短観）
のうち、「大企業製造業」の業況判断を使います。なお、日本の
景気後退局面（シャドー部分）は、内閣府が定義したものです。
　＜グラフ8-1＞では、日本の景気を動かす出来事を振り返って
みました。すると、景気のボトムでは、必ずと言っていいほど、
日銀または政府が景気テコ入れ策を講じています。その中でも特
に日銀の緩和策が目立ちます。景気後退局面を脱却できるかは、
主に日銀の金融政策の舵取りが要となりそうです。

解　説

▶ 日銀短観とは

　日銀短観は、日本銀行（日銀）が、3・6・9・12月に上場
企業や中小企業に対して行う業況調査のことです。

調査後、翌月初めにすぐに発表されること、対象が1万社超にのぼること、統計期間が長いことなどから、データの有効性が高く、数多くある経済指標の中でも特に注目される統計です。
　業種別、規模別に詳細なデータがあるが、特に注目度が高いのが「大企業製造業」の業況判断です。

8-1　日銀短観の推移（大企業製造業の業況判断）

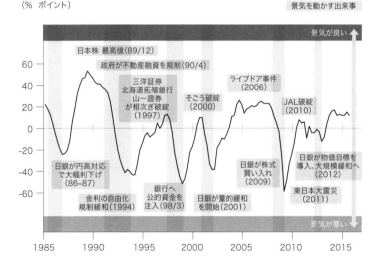

注）シャドーは景気後退期（内閣府）
出所）日本銀行、内閣府、Bloomberg

ABOUT THE ECONOMY, INVESTMENTS AND INTEREST RATES

金融政策サイクルの
お国事情

1　黒田日銀総裁による大胆な金融緩和

　日本では、2012年、黒田日銀総裁の誕生により、インフレ率２％定着を目標に大規模な金融緩和が実施され続けています。その金融緩和の一環として、最近では、日銀は市中から年間80兆円のペースで国債を買い上げる形で、市中に資金を供給しています。

　これは、第６章の「12年前の日本は今の欧州」でお話しした日本の過去12年間の経験に基づき、景気回復をしっかりと確認するまではどんなことがあっても金融緩和（量的緩和を含む）を継続する、つまり短期金利は上げない、という日銀の強い意志の表れです。

　ただ、この金融緩和策が、金融政策サイクルの法則に、今までにない事態を生んでいます。

2 金融政策サイクルの新生児たち

縮小したままの長短金利差

2000年代までは景気後退期に向けて長短金利差が縮小し、景気が回復すると拡大するという、金融政策サイクルのセオリー通りの展開となっています。金利はしっかりカナリアとして働いていました。

しかし、2013年頃から景気回復局面に入ったにもかかわらず、本来拡大するはずの長短金利差は縮小を続けています。

日銀は、デフレ脱却のため、債券の流通市場から国債を購入し、市中に資金を供給します。しかし、供給された資金の運用先として国債の需要が高まるのに、政府がいくら国債を発行しても、市中の国債残高は増えず、需給の関係から、国債利回りが低下します。そればかりか、金融緩和の継続から、資金の運用先は、短期国債から10年長期国債にまでおよび、2012年以降景気回復と言われながらも10年国債利回りまでもが低下するという前例のない事態が起きています。

この結果、マネタリーベースが勢い良く増加するだけでなく、長期金利も低下するという景気回復を後押しする要因がダブルで発生し、この事態が異例ながらも景気にプラスαの効果を与えています。

ABOUT THE ECONOMY, INVESTMENTS AND INTEREST RATES

8-2 長短金利差の推移

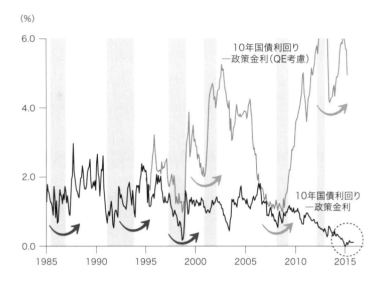

注)シャドーは景気後退期(内閣府)
出所)日本銀行、内閣府、Bloomberg

　長短金利差が縮小していても、金融政策サイクルから見る日本の今は、春の「景気回復局面」です。

第8章　追い風に乗る日本

解 説

▶ 実は長短金利差は拡大〜日本にもシャドーレート

　IMF（国際通貨基金）は、半期に一度、「国際金融安定性報
告書（略してGFSR）」を発表しています。

　2015年10月発表分のGFSRで、アトランタ連銀が米国の政
策金利（QE考慮）を算出したのと同様に、日本の政策金利
（QE考慮）を算出しています。このシャドーレートを使うと、
景気回復局面と思われる今、金融政策サイクルの法則通り、長
短金利差は大幅に拡大していることがわかります。

　やはり、日本の今は、景気回復局面と言えます。

「円高との戦い」との決別

● 円高阻止のドル買い介入

　1990年代までは日本は米国にとって最大の貿易相手国（黒字
国）でした。日本の貿易黒字（＝米国の貿易赤字）が拡大すると
ドル安円高になります。このドル安円高は輸出企業に対し売上減
というダメージを与えることから、黒田総裁誕生前の日銀は、過
去5回にわたり積極的なドル買い円売りの為替介入を実施してい
ました。その介入規模は目を見張るほどで、＜表8－3＞の通り日
本の外貨準備高は先進国の中では群を抜いて高く、新興国と比較

193

しても中国の次に位置しています。

　しかし、過去5回とも円高阻止を目的としていたことから、景気回復の定着を待たず、円高が一服すると、為替介入による資金供給は次の円高までいったん終了し、まもなく景気後退局面を迎えてしまっていました。

● 円高期は、実は景気回復期

　よく「円高 = 輸出企業へのダメージから景気減速」と言われます。間違いではありませんが、円高には、もう1つの顔があります。円高が行き過ぎると、為替介入を通じて円資金が市中に出

8-3　主な国の外貨準備高

		外貨準備高（10億ドル）
先進国	日本	**1,193**
	ユーロ圏	242
	英国	101
	カナダ	68
	米国	41
新興国	中国	3,514
	サウジアラビア	656
	台湾	426
	ブラジル	371
	韓国	368
	香港	346

※2015/10末で公表されている直近値
出所）各国中銀、Bloombergから筆者作成

回ることから、国内マネタリーベースが上昇します。その効果は、いわゆる金融緩和(利下げ)に当たり、円高局面ですが、実は景気は回復しているのです。実際、＜グラフ8−4＞のドル買い介入局面は、＜グラフ8−5＞で見てみると、マネタリーベースの伸び率を概ね上昇させ、シャドー（景気後退局面）を避けているのがわかります。

しかし、2007年だけ、マネタリーベースの伸び率が急低下しています。これは、2006年から利上げを実施したからです。円高傾向にも関わらず、為替介入による実質的な金融緩和を行わなかったばかりか、逆に引き締め（利上げ）を行うことで、回復しかけていた景気を減速させる結果となりました。

もちろんリーマンショックの影響は否めませんが、2009年から日本の景気が後退し始めた原因は、円高傾向の中で利上げをしたことだと指摘する向きが多いのも頷けます。

3 放たれ続けるか、黒田バズーカ

2012年以降、黒田日銀総裁誕生から、景気回復局面での長短金利差の縮小、円安局面での更なる資金供給という、前例なき事態が起きています。これらは、長期の金融緩和策の産物でもあり、将来的には利上げすることで解消されるものと思われます。

ABOUT THE ECONOMY, INVESTMENTS AND INTEREST RATES

8-4 米ドル円と日銀介入実績

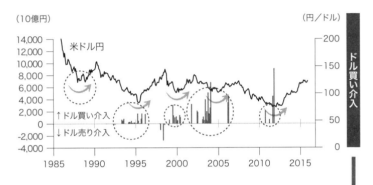

注)介入実績データは1991年以降
出所)日本銀行、財務省、Bloomberg

8-5 マネタリーベース(前年比)の推移

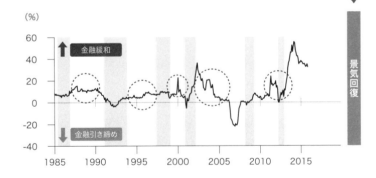

注)シャドーは景気後退期(内閣府)
出所)日本銀行、内閣府、Bloomberg

第8章　追い風に乗る日本

　ただ、イエレンFRB議長は、講演の中で米国の利上げペースが緩やかになる理由の１つとして、「過去、日本は時期尚早な利上げにより甚大な経済コストを被った」からとし、また、ダドリーNY連銀総裁も「金融政策において、インフレ期待が安定せず下方修正した日本の失敗を回避すべき」という内容の発言をしており、世界は過去の日本において早すぎた利上げがあったと見ているようです。

　黒田日銀総裁が、過去の経験を生かし、景気回復を確かなものにするまで、どんな金融緩和策を放ち続けるのか、そして、いつ利上げに踏み切るのか、その動向が注目されます。

ABOUT THE ECONOMY, INVESTMENTS AND INTEREST RATES

順調な信用サイクル

1 申し分ない信用力

積極的な融資姿勢

　銀行は、統合効果やBIS規制に基づく自己資本比率の規制により、財務が健全化しており、条件があえば、融資を行える状態にあります。特に最近は、1990年代のバブル崩壊後、最も融資に積極的です。

　日銀短観では、金融機関の貸出態度について調査しています。貸出態度が「緩い」と回答した社数の構成比（％）から「厳しい」と回答した社数の構成比（％）を減じた数値は、2015年9月調査時点で20％ポイントと、前回2000年代の景気サイクルのピーク時を超える水準になっており、金融機関の融資姿勢が積極的であることが伺えます。

　また同じく、日銀短観内の調査項目である「借入金利水準」に

おいては、最近の借入金利が3ヵ月前に比べて「低下した」と回答した企業が多くなっており、金融機関による融資競争が貸出金利の低下につながっているとも考えられます。

8-6　金融機関の貸出態度

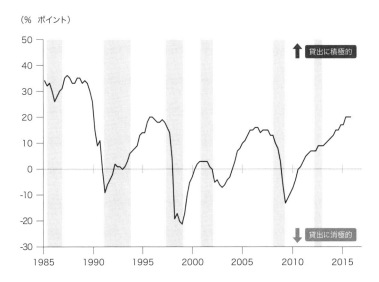

注)シャドーは景気後退期(内閣府)
出所)日本銀行、内閣府、Bloomberg

健全な日本企業

　企業は、1990年代のバブル崩壊以降、いまだ景気に対する慎重な見方は変えておらず、新規借り入れを積極的に行っている様子はありません。つまり、レバレッジ比率は低下傾向のままで、企業財務の健全性は保たれていると言えます。

8-7　企業のレバレッジ比率

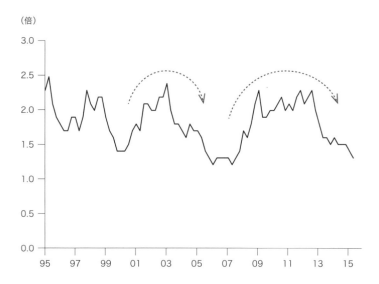

注）レバレッジ比率=金融負債/株式・出資金（いずれも時価ベース）
出所）日本銀行「資金循環統計」

社債スプレッドの縮小

　日本ではリーマンショック以降、日銀の国債買い入れ増加や企業の借り入れ縮小（レバレッジ比率が低水準）から国債、社債の需給は共に逼迫し、投資家にとっては、運用難が続いています。そのため、社債スプレッドは順調に縮小を続けていることに加え、金融機関の融資競争により貸出金利が低下していることからも、

8-8　格付け毎の社債スプレッド推移（日本）

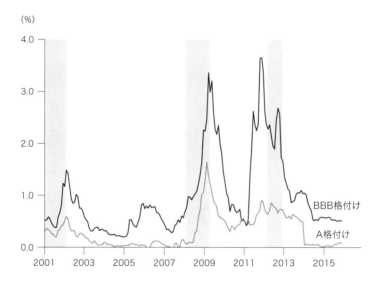

注）シャドーは景気後退期（内閣府）、社債はクレディスイスの日本企業社債インデックス
出所）内閣府、Bloomberg

企業にとっては、資金調達しやすい環境にあります。

2　IMFのお墨付き

　IMFが発表するGFSR（国際金融安定性報告書）は、金融市場のリスクをまとめたもので、主要国が信用サイクルのどの局面に

8-9　主要国の信用サイクルの局面を知る

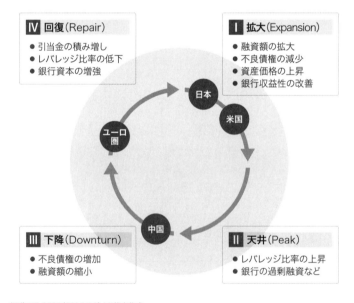

出所）IMF GFSR(2015/10)より筆者作成

位置するかを確かめるには、必見の価値があります。

　第4章でのリスクオン局面とレバレッジ局面がExpansionとPeakになっており、各局面の切替時期に若干の相異は見られるものの、概ね同じ定義だと思われます。

　IMFは、2015年10月発表分のGFSRで、日本をリスクオン局面の初期に位置付けています。

　現在の日本では、銀行は融資を積極的に行える状況にあり、また、企業財務は健全で、信用力が高い状況にあります。まさに、信用サイクルのリスクオン局面にいると言えるでしょう。

ABOUT THE ECONOMY, INVESTMENTS AND INTEREST RATES

上向きな日本に
潜むリスク

　日本は、金融緩和（量的緩和を含む）が継続される中、信用サイクルはリスクオン局面にいることから、日本は景気拡大の道を歩んでいると思われますが、落とし穴はないのでしょうか?

1　日銀の出口戦略

テイパリングの開始

　現在日銀が推し進めているQQE（量的・質的金融緩和）の縮小、いわゆる「テイパリング（英語で"はがす"という意味)」の開始時期が大きな関心事となっています。

　日銀と安倍政権は、安定的なインフレ率2％（前年比）の実現を目標に金融緩和を実施していますが、足元のCPI（消費者物価指数といい、物価上昇率 = インフレ率を表す）は原油価格などの下落を背景にいまだ2％（前年比）に達していません。

　そこで、気になるのが、黒田日銀総裁の任期（2018年4月）と

安倍首相の自民党総裁の任期（2018年9月）です。

今後、商品市況が下げ止まり、CPI 2％の達成が視野に入って
くれば、テイパリングの開始は現実味を帯びることはもちろんで
すが、CPI 2％に未達の場合でも、特に安倍首相は、景気対策の
効果をアピールするためにも、任期満了までにデフレ脱却宣言を
行いたい意向があると思われることから、日銀が、黒田日銀総裁
の任期満了までに、デフレ脱却の象徴としてテイパリングを開始
することも考えられます。

過去3回、割高修正で国債急落

過去3回の金融引き締め局面前では、長期金利が上昇するのは
セオリーですが、国債が割高な水準まで買われていたことから、
それぞれ名前が付けられるほど国債が急落（長期金利が急上昇）
しました。

国債急落の出来事名　　　　　金融引き締め局面

1987年9月　タテホショック　→　1989年5月 公定歩合引上げ

　　　　　　　　　　　　　　　　（現・政策金利の引き上げ）

1998年11月 運用部ショック　→　2000年8月 ゼロ金利政策解除

2003年6月　VARショック　→　2006年7月 ゼロ金利政策解除

次回は米英欧と段違い〜日本格下げの恐れ

　金融緩和局面での中央銀行による国債買入は、日本だけでなく、米英欧でも実施されてきました。しかし、今の日銀の国債買入額が年間GDP比16%と群を抜いて多いことが、心配の種となっています。

　次の金融引き締め局面では、日銀は、今までのような国債の大量買入（市中へ資金供給）から国債売却へと大きく方針転換されることに加え、日銀同様、市場参加者の投資スタンスも保有債券の売却や投資（購入）控えとなることから、国債の急落（長期金利の大幅上昇）は想像に難くありません。

　それ以上に、この長期金利上昇が、現時点で国債発行額がGDP比250%と言われる日本政府の債務（借金）に与える影響が懸念されます。コスト（利率）の高い国債の発行を余儀なくされることから、国の財務をさらに悪化させ、いずれは日本国債の格下げが大きな話題となるかもしれません。

2　不動産向け融資

不動産が融資の中心

　現在、銀行の融資姿勢はかなり積極的ですが、特に、不動産向け融資が高水準で推移しています。大手行は、大手不動産デベ

ロッパーやREIT（不動産投資信託）向け融資が好調で、また、地域金融機関は、個人の資産管理会社や地場不動産業者など中小企業向けが主体となり、貸出先に違いはあるものの、いずれにしても、日本の景気は銀行融資を元手に不動産関連市場が活況になると回復する傾向があります。さらに、今回に関しては、相続税対策の1つとなる借入金による不動産の購入ニーズが、不動産向け融資の伸びを後押ししているようです。

追加規制や法改正の懸念

不動産関連が活況な時こそ、手放しで喜んではいられません。かつて、不動産に関する規制をきっかけに不動産市況が天井をつけ、銀行融資も減速に向かうケースが見られました。

①1990年の不動産向け融資の総量規制：

不動産価格の高騰を沈静化させるため、銀行の不動産向け融資が制限され、不動産の購入意欲が減退。

②2007年の建築基準法改正：

2005年の構造計算書偽造問題（耐震偽造問題、姉歯事件とも言われる）をきっかけに、建築確認や工事検査を厳格化することで、建設業の業務が停滞。

ABOUT THE ECONOMY, INVESTMENTS AND INTEREST RATES

　2015年には、「杭打ちデータ改ざん・流用問題」が発生しました。いまや杭打ち業界だけでなく、元請けと下請けの関係や責任の所在も含め、建築業界全体の問題となって騒がれています。これは、不動産の購入者にとって、建築物の土台となる構造に対する安全性という当たり前の概念を揺るがし、また、売主だけでなく施工主や設計者への信頼をも失うほどの大きな問題となっており、今後、新たな規制が設けられるかもしれません。その規制は、安全性の確保、信頼の回復には繋がりますが、当然ながら不動産の建設に時間やコストを要し、2007年の法改正時以上に、不動産業界自体を停滞させてしまわないか留意する必要がありそうです。

3　日本の投信フロー

移り変わる投信の人気

　日本の投信（投資信託）の現在の残高は、全体で約100兆円となっています。米国の1100兆円に比べ、規模は小さいものの、次にブームとなる市場を追い求めて投資先が変わるという、いわゆる「目利き」として、日本の投信は海外の投資家からも注目されています。

　＜グラフ8-10＞は、世界金融危機以降の日本の投信残高の推移を主なカテゴリー別にまとめたものです。各残高のピークは、

ブラジルレアル債（2011年）→ 豪ドル債（2012年）→ 米ドル建ハイイールド（HY）社債（2013年）→ 海外REIT（2015年）となっており、的確にその当時のブームを捉え、投資先が見事に入れ替っています。また、最近は、海外株式（北米）も残高を拡大しています。

8-10　国内公募投資信託　カテゴリー別純資産残高推移

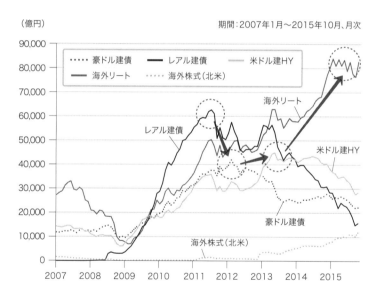

出所）野村総合研究所Fundmark（ファンドマーク）

国の支えは人気の投信マネー

　日本の投信フローが、投資対象国の経済を支えていると言っても過言ではありません。

　例えば、約90兆円規模の米国（上場）REIT市場です。日本の投信で、海外REITの残高は年々伸びて現在約8兆円ですが、その多くが米国REITへの投資となっています。つまり、米国REIT市場の1割弱を日本の投資マネーが占めることになります。住宅バブル崩壊をきっかけにした世界金融危機以降現在まで、米国の不動産市況が着実に回復できている要因の1つは、日本からの海外REITへの投資マネーと言えそうです。

　しかし、逆に日本の投資マネーが引く時、各市場は苦しむ結果となります。ブラジルレアルや豪ドルは、日本からの投資ブームが去ると大きく下落しました。また、現在、HY社債市場の国債スプレッドは拡大（金利は上昇）し始めています。

常に投信人気を追うべき

　今後、日本の景気が良くなれば、投信マネーはホームランドである日本に向かうはずです。おそらく、日本株やJ-REIT等の投信が人気を集めるでしょう。ただ、いかなる時も、投資先が移り変わっていないか、どこに投資ブームがあるか等、投信フローには注意が必要です。

第 9 章

投資で
成功するために

ABOUT THE ECONOMY,
INVESTMENTS
AND INTEREST RATES

ABOUT THE ECONOMY, INVESTMENTS AND INTEREST RATES

金利で投資環境を測る

1 意外に難しい「総合的判断」という代物

　実際に投資をする際には、絡み合う様々な要素を総合的に判断し、景気を確認しながら、投資環境を探っていかなければなりません。特に、今までの収益を根こそぎ奪われるほどの約10年に1度の危機を避けることが重要になります。

　しかしながら、総合的判断とは、漠然とした言葉で、正解が1つというわけではないため、「言うは易く行うは難し」です。

　そこで、金融政策サイクル、信用サイクルで注目してきた金利や為替データを用いて、米国の投資環境を自動的に測定する方法を1つご紹介します。

第9章　投資で成功するために

2 投資環境スコアを作成～自動的に総合的判断

5つの基本データ

　金融政策を表す構成値に注目し、投資環境スコアを作成してみましょう。使用するデータは、全てセントルイス連邦準備銀行のHP（https://research.stlouisfed.org/fred2/）から入手できます。

9-1　5つの基本データ

項　　目	英文名称	HP検索用コード	頻　度 (Frequency)	集計方法 (Aggregation Method)	単　位 (Units)
政策金利	Effective Federal Funds Rate	FEDFUNDS			
10年 国債利回り	10-Year Treasury Constant Maturity Rate	DGS10			
社債 スプレッド	Moody's Seasoned Baa Corporate Bond Yield Relative to Yield on 10-Year Treasury Constant Maturity	BAA10Y	月次 (Monthly)	末基準 (End of Period)	% (Percent)
スワップ 金利	10-Year Swap Rate	DSWP10			
米ドル指数	Trade Weighted U.S. Dollar Index: Major Currencies	TWEXMMTH			

出所）筆者作成

ABOUT THE ECONOMY, INVESTMENTS AND INTEREST RATES

9-2　投資環境スコアの作成

	項目	直近 2015/10/30 ①	1年前 2014/10/31 ②	計算方法 ③	判定基準	個別スコア ④
1	政策金利 (%)	0.12	0.09	前年差(①−②)	③ ≦ 0.25 なら +2 ③ > 0.25 なら −2	+2
2	長短金利差 (%)*	2.04	—	水　準(　①　)	③ ≧ 1 なら +2 1>③≧0 なら 0 ③ < 0 なら −2	+2
3	社債 スプレッド (%)	3.19	2.39	前年差(①−②)	③ ≦ 0 なら +2 ③ > 0 なら −2	−2
4	スワップ スプレッド (%)**	−0.07	0.14	前年差(①−②)	③ ≦ 0.1 なら +2 ③ > 0.1 なら −2	+2
5	米ドル指数	91.22	80.87	前年比(①÷②)	③ ≦ 1 なら +2 ③ > 1 なら −2	−2
					投資環境スコア ⑤	**+2**

*長短金利差＝10年国債利回り−政策金利
**スワップスプレッド＝10年スワップ金利−10年国債利回り
出所)筆者作成

実際にスコアを作成

　手順1)　セントルイス連邦準備銀行のHPから、5つの基本
　　　　　データを抽出、加工し、<表8−5>にある5つの項目
　　　　　について、①②の数値を導く。(長短金利差は、前年
　　　　　比較をしないため、直近の数値のみ)

手順2）「計算方法」に基づき、③の数値を算出

手順3）「判定基準」に基づき、③の数値を④個別スコアに変換

手順4）④個別スコアを合計し、⑤投資環境スコアとする

投資環境スコアは、−10から＋10で表され、数値が大きいほど投資環境が良好であることを意味します。

なお、ゼロ金利政策継続中は政策金利にアトランタ連銀発表のシャドーレートを使用する方法もあります。

3 ボトムの予測

〜投資環境スコアは過去の危機を見破れたのか

＜グラフ9−3＞は、ご紹介した投資環境スコアをグラフ化したものです。

見事に、投資環境スコアがおおよそ−6を下回ると、景気後退局面が訪れています。

投資にも予測にも「絶対」はありませんが、いずれにせよ、投資環境スコアが、今後の危機を予測するヒントになるのは間違いなさそうです。

将来的に米国の利上げで政策金利が変更されれば、長短金利差は縮小し、スワップスプレッドは拡大すると思われます。現在（2015年10月末）は、投資環境スコアは＋2という結果ですが、

政策金利の変更により、現在プラスの個別スコアがマイナス方向に動く可能性があり、特に長短金利差やスワップスプレッドは今後の投資環境を見極めるポイントとなります。

9–3　投資環境スコアの推移（–10～+10）

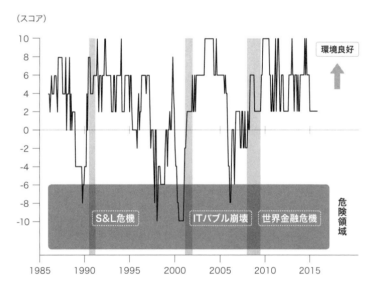

注）シャドーは景気後退局面（NBER）
出所）筆者作成

第9章 投資で成功するために

季節に合った
商品選びの勧め

　季節によって金融商品には様々な特徴があります。特に個人投資家が気づきにくい事柄を中心にいくつかご紹介します。

1 「景気回復 = 全て上昇」ではない

ピークは順番に訪れる

　米国の景気が回復すると、米国の金融商品全てが同じように上昇すると思っていたら、それは間違いです。

　＜グラフ9-4＞は、2007年の12月の景気後退の開始時を起点（100）として、各市場がどの段階で天井をつけ、どの程度下落したかを示したものです。

　まず、米国が他国に先行して景気が回復する時は、収益拡大を求めて「REIT」「HY社債」が上昇、同時に（または若干遅れて）「株式」が堅調に推移します。

　しかし、景気回復期の後半では、まず「REIT」と「HY社債」、

217

次に「株式」の順番で下落に転じることに注意が必要です。

「REIT」と「HY社債」がまず天井を付ける理由は以下です。

・REIT：

基本的に銀行からの借り入れ割合が多いため、徐々に資金調達コストが上昇。継続的な賃料収入があることで、財務悪化には至らないが、株主への配当が減少。

・HY社債：

レバレッジ局面以降信用力の低下から調達コストが上昇、HY社債利回り自体が上昇、国債スプレッドは拡大。

逆も然りで、REITとHY社債は、真っ先に底打ちし上昇に転じます。特にREITは金利上昇の影響を受けやすいため、株式に比べて早めに天井を付ける一方で、景気回復局面においては金利低下の恩恵を受けることから、通常はいち早く上昇に向かうとされています。但し、今回の世界金融危機で、REITの底打ちのタイミングが、HY社債に比べて遅れ気味だったのは、危機の根源が不動産関連であったためです。REITの特徴に変わりはありませんが、やはり、いつの時も危機の根源となった場合にはイレギュラーな事態が起こり得ます。

参考までに「国債」市場は、景気回復局面中盤で横ばいか若干

9-4 景気後退期前後でのパフォーマンス推移

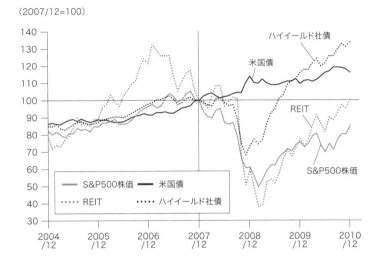

注）HY（BofA Merrill Lynch US High Yield Master II）、米国債（シティグループ米国債インデックス）、REIT（Wilshire US RESI）
出所）St Louis連銀、Bloomberg

下落（国債利回りが若干上昇）しますが、景気後退局面手前から上昇（国債利回りが低下）してきます。これは、もちろん、金利が金融市場のカナリアとして働いていることが理由です。

ただ、日本については、HY社債やREIT市場が小さいことから上記通りに進まない可能性があることも注意しておいてください。

株式のカテゴリーによる違い

　株式は、そのカテゴリーによって、景気サイクルに敏感なものと鈍感なものとがあります。前者は、景気サイクルに連動して株価が大きく変動しますが、後者は、前者に比して株価の変動幅が小さくなります。つまり、景気拡大期では、大きく値が上がる景気敏感カテゴリーへの投資が有利で、逆に景気後退期では、下落幅が小さい景気鈍感カテゴリーへの投資が有利になります。

　ナスダック（NASDAQ）総合指数は、日本でお馴染みのグーグル、マイクロソフト、アマゾンなどのハイテクやIT関連企業が多く上場しており、景気サイクルに敏感な指数の1つです。景気回復局面では、このような景気敏感カテゴリーに属する指数や業種関連の投資商品（投信など）は、万遍なく様々な企業を含むNYダウ、S&P500、日経平均などの株価指数関連の投資商品に比べて、より高い収益率を示します。

　一方、公益株は、電力、水道、ガスなどの企業で構成され、①電力、水道、ガスなどの使用料は景気変動の影響を受けづらいこと、②総じて借入金が多く景気減速期における金利低下が利払い費用減（資金調達コストの低下）につながることなどから、景気サイクルに鈍感な業種の1つです。

　＜グラフ9-5＞は米国ナスダック総合指数とNYダウ公益株指数のパフォーマンス（収益率）を比べたものです。

これによると、概ね景気拡大期は、ナスダック総合指数がNYダウ公益株指数よりも収益率が良く、景気減速期は、NYダウ公益株指数の方が収益率は良くなっています。

　景気敏感カテゴリーには、ナスダック総合指数の他に、銀行、小売り、住宅、資本財（機械など）、素材などの業種も含まれますが、以下ように業種ごとに景気に反応する（＝収益性が高まり

9-5　収益率（ナスダックー公益株）と景気循環

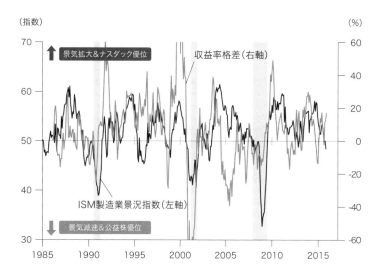

注）シャドーは景気後退局面（NBER）、収益率格差は1年間
　　公益株（ダウジョーンズ公益株指数）
出所）St Louis連銀

始める）時期が異なります。

景気回復局面初盤（早期に底打ち）

・銀行　：利下げ局面での長短金利差の拡大が収益拡大につな

　　　　　がる（貸出金利と預金金利の差である利ザヤが拡

　　　　　大）。

・小売り：ガソリン価格低下の恩恵を受ける（物流コストの低

　　　　　下や自家用車の利用が増える）。

・住宅　：ローン金利低下の恩恵を受ける景気回復局面中盤。

・ナスダック総合指数：企業によるIT関連への設備投資（ソ

　　　　　フトウエア投資）が拡大する。

・資本財：企業による機械、車両、工場への設備投資が拡大する。

景気回復局面終盤

・素材　：商品市況上昇の恩恵を受ける

　公益株に投資するには、同業種に連動するインデックス型投信やETFがありますが、「高配当企業が多い」「高（好）配当」と唄っている投信に多く組み入れられていることもあります。景気減速の気配を感じた時は、投資資金のシフト先の1つとして景気鈍感カテゴリーを覚えておくべきです。また、このカテゴリーに

は、公益株の他に、食品や医薬品などの業種が含まれます。

2 商品市況は新興国とタッグを組んでいる

　新興国と先進国の経済環境を分ける仕組みとして、米ドルの動向が大きく影響することは「第5章　お金は世界を回っている」で説明した通りです。先進国経済優位の展開が続くと思われる局面で、新興国の影響を大きく受ける金融商品に投資し過ぎないためにも、あるいは、新興国が景気回復を迎えた際の代替投資先を選ぶヒントとしても、新興国との連動するものを知っておいて損はありません。

商品指数の下落は、米国にはプラス

　<グラフ9-6>の通り、新興国株価と商品指数の騰落率は連動しています。

　これは、新興国株価市場で大きな比率を占める、ロシア、ブラジル、南アフリカ、メキシコ、マレーシア、インドネシアが資源産出国であるため、商品市況の動向が新興国の景気に大きく影響するからです。また、同じ新興国でも中国は、資源の需要国であり、銅、ニッケル、アルミについては世界需要の約50％、鉄鉱石については約70％を占めているからでもあります。中国経済＝商

9-6 商品市況と新興国株の関係（前年比）

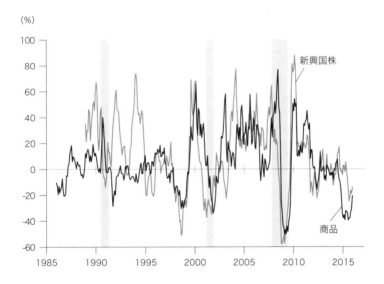

注）シャドーは景気後退局面（NEBR）、新興国株（MSCI EM）、商品（S&P　GSCI）
出所）Bloomberg

品需要と言っても過言ではありません。

　新興国内には、資源の売り手と買い手がいることになりますが、商品価格の下落は結果的に両者の共倒れに繋がります。中国の景気が悪ければ、商品需要の減退から商品価格が下落し、資源産出国の景気を悪化させ、新興国全体が景気後退に陥ることになるのです。

9-7 企業収益性と収益率格差(米国－新興国)

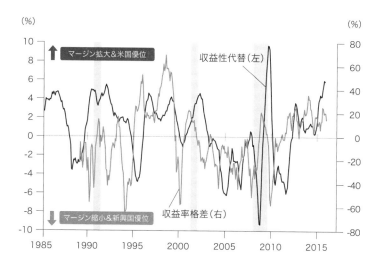

注)シャドーは景気後退局面(NEBR)、米株(S&P500)、新興国株(MSCI EM)
　収益性代替＝米国消費者物価(CPI)－卸売物価(PPI)　(いずれも前年比)
　収益率格差＝米株(S&P500)－新興国株(MSCI EM)　(いずれも前年比)
出所)St Louis連銀、Bloomberg

　しかし、商品市況が下落する局面は、新興国経済にとって良いことではありませんが、先進経済にとっては原材料などの価格低下となることから企業の収益性（マージン）が拡大するというプラス面があります。簡易的ですが、店頭価格を消費者物価、原材料（商品）価格を卸売物価と考え、このマージンを「消費者物価（CPI）－卸売物価（PPI）」として、米国株と新興国株の収益

率格差と比べてみると、<グラフ9-7>の通り、マージン拡大（商品価格下落）時は、収益率格差も拡大（米国優位）、マージン縮小（商品価格上昇）時は、収益率格差が縮小（新興国優位）傾向にあります。

商品市況の動向によって、先進国と新興国への投資では、パフォーマンスに格差が出るので、投資国に迷った時は、商品市況を見てみてください。

豪ドルは新興国経済に連動

日本の個人投資家にとって人気が高い豪ドル（通貨）は、意外にも新興国経済と連動しています。

なぜなら、オーストラリアは先進国でありながら、世界有数の資源産出国でもあり、経済の仕組みは資源の輸出で成り立っているため、要は、商品市況と連動する新興国経済の動向に類似するからです。オーストラリアの主な輸出品目は、鉄鉱石、銅、金、石油、天然ガスなどで、輸出先の国別割合では1位が中国（32.5％）、2位が日本（15.4％）、3位に韓国（6.8％）（以上、2013/14年度、財・サービス、外務省貿易統計）と続きます。

そのため、豪ドルは、主に商品市況の下落による景気減速と金融緩和を背景に、ここ数年下落傾向にあります。

オーストラリアだけでなく、カナダ、ノルウェー、ニュージー

9-8 商品市況と豪ドルの関係(前年比)

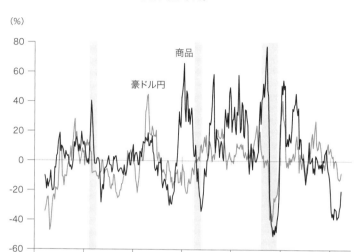

注)シャドーは景気後退局面(NEBR)、商品(S&P GSCI)
出所)St Louis連銀、Bloomberg

ランドなど他の資源・農産物産出国も同様ですので、これらの国の通貨が新興国経済と連動していることを覚えておいてください。

3 為替も大事な収益源

　投資先を海外にするか、国内にするかを考える時、為替は、重

ABOUT THE ECONOMY, INVESTMENTS AND INTEREST RATES

要な判断材料となります。

基本は米利上げ＝円安ドル高、でも１年の猶予あり

　米国の利上げ局面では、円安米ドル高となる傾向があります。理由としては、日米金利差の拡大により高金利を求めて米国への投資需要が高まること、為替ヘッジコストの上昇でアンヘッジ

9-9　米政策金利と米ドル円の関係

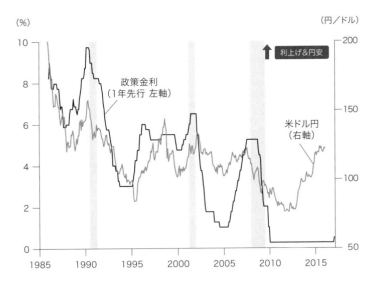

注)シャドーは景気後退局面(NBER)
出所)St Louis連銀

（為替変動リスクを享受し、円売り米ドル買いのみ）で米国への投資が行われることなどが考えられます。

しかし、＜グラフ9−9＞の通り、米国の政策金利を1年先行させ、米ドル／円の推移を重ねてみると、ほぼ同時期に利上げと円安米ドル高が現れていることがわかります。

つまり、この2つには約1年の時間差があるのです。米国が利上げしたからと言って、すぐに円安米ドル高になるわけではありません。焦らずに投資のタイミングを計ってください。

ただし、2012年以降、米ドル／円は、米国の利上げが行われないにも関わらず、すでに円安トレンドで推移し始めています。これは、①日銀の積極的な金融緩和、②日本の貿易収支が赤字に転落（輸出より輸入が多い）など、日本サイドの要因によるものと考えられますので、このまま円安傾向が継続し、2015年12月の米国の利上げから約1年後、更に円安米ドル高となる可能性があることに注意が必要です。

米国か他の先進国か？

一言で「先進国に投資する」と言っても、先進国には米国もあれば、英国、ドイツ等もあります。当然、米ドル、英ポンド、ユーロと通貨も違います。全てを比較するのは簡単ではありませんが、せめて、米ドルかその他先進国通貨の二者択一なら、「米

国とその他の先進国の金利差≒景気サイクル」と考えて判断すると良いでしょう。そして、米国より景気サイクルで良好な国が現れたら投資先を入れ替えるのも得策かもしれません。

<グラフ9-10>は、米国と米国以外のG7（フランス、イギリス、ドイツ、日本、イタリア、カナダ）の金利差（2年国債利回りの差）と米ドル指数の推移ですが、この2つの推移はほぼ連動

9-10　金利差と為替の関係

注）G7は米国、日本、ドイツ、フランス、イタリア、カナダ、英国で、米国以外G7は平均値
出所）Bloomberg

第9章　投資で成功するために

しています。概ね金利差が拡大する時景気は米国の方が良く、金利差が縮小する時は、米ドル安傾向です。

外債投資は債券のリターンも享受できる

　外貨預金やFXの場合は、その最終投資損益に与える影響は、為替の変動が主となりますが、外債投信など為替を使って債券に投資する場合は、為替の変動の他に、債券の働き（リターン）が最終投資損益に大きく影響します。

　＜グラフ9－11＞は、米国国債インデックスに日本から投資した場合のリターン（1年間累計）を、為替要因と債券要因に分けて示したものです。なお、解説上、シャドーが景気後退局面、それ以外の部分を大きな意味での景気回復局面としておきます。

①景気回復の前半：

　為替のマイナスを債券が助けるため、まあまあの投資局面。

　為替要因（－）：利下げを受けたドル安円高

　債券要因（＋）：金利低下による債券価格が上昇。

　　　　　　　　　為替のマイナス要因を相殺

②景気回復の中盤：

　一番厳しい投資局面。だが、ボトムだからこそ、絶好の投資チャンスでもあり。

為替要因（-から+へ）：利上げ開始でも円安になるまで時間がかかる

債券要因（+だが、時に-も）：長期金利の上昇が痛手。

③景気回復の終盤：

一番収益が上がる局面。だが、その後の景気後退に注意。

為替要因（+）：利上げ効果で米ドル高

9-11 米国国債収益率（1年間 円ベース）の要因分析

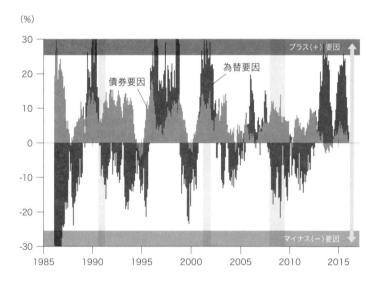

注）シャドーは景気後退局面（NEBR）、米国国債はシティグループ米国債インデックス
出所）Bloomberg

債券要因（＋）：高金利でインカム（利息収入）がリターンを
　　　　　　　　　　嵩上げ

　このように、外債投資は、債券を購入するため、為替と債券という2つの収益ポケットを持ち、また局面に応じて最終投資損益に与える収益のポケットが異なってきます。収益の要因分析をみることで、景気サイクルの位置がわかりますし、また、リスク分散により収益が安定しているとも言えます。

　なお、外債投信の為替要因、債券要因の内訳は、購入する外債投信によって異なりますが、その投信のHPに掲載されている月次の報告書で確認できるはずです。

4 季節によって優位に立つ商品がある

　季節によって、収益性が高い投資対象を＜図9-12＞にまとめてみました。人によって投資する金融商品の好みや選び方、金額や期間等それぞれ違うので、個別の金融商品を指してどれが良いとは一概に言えませんが、投資商品を選ぶ、または見直す際にぜひ参考にしてください。

　言うまでもなく、季節による収益性の違いは、今までお話ししてきた各国の景気や米ドルの動向が反映された結果です。

9-12 季節別 収益性が高い投資対象

第9章 投資で成功するために

投資の心得

1 金利は有効な景気判断ツールである
〜売買ではなく、「使う」

　金利とは、日常生活で、預金やローン等でよく使う身近なものなのに、意外に、その決まり方、意味、動き方などあまり詳しく知られていないのも事実です。おそらく、株式や為替と違って、金利は「（金利を）売る、買う」という表現はあまり使われないことからも、一般的には、金利自体が投資や売買の対象になっておらず、金利を詳しく知らなくても困らないのだと思われます。投資とは儲けることが目的だから、収益に直結しないものを勉強する機会はなかなか作れないものです。

　何事にも、「絶対」はありません。

　実現性の高いシナリオをいかに描けるかが、景気予測の秘訣です。

これを機に、金利を景気の判断ツールとして活用し、今どうすべきか、今後何に気をつけるべきか、投資環境、景気動向という投資の根幹を探求し続けてください。

2 全ては循環する～軸をぶらすな

先進国／新興国、株式／債券／商品など、いずれの場合も、良い局面の後には厳しい局面が訪れます。それは、金利が下がれば借入を増やし、金利が上がれば借入を減らす、という金利の原理が景気の波を作るからです。

「全ては循環している」のです。

今直面している季節や局面に翻弄されることなく、周囲の意見や行動に惑わされず、自分自身で判断できる力、決してぶれることのない軸となる考え方を身に付けることが肝心です。

本書で述べた景気サイクルの考え方を参考にして、景気の予測をぜひ投資に活かしてください。

おわりに

　「金利を見れば景気がわかる。投資はうまくいく。難しい経済指標がわからなくても大丈夫」というタイトルに意外感を持った人も多いと思いますが、本書を読み終えて、金利が景気の先行指標として注目に値することを認識していただけたならば幸いです。

　私が「金利は炭鉱のカナリア」という言葉を初めて聞いたのは、アラン・グリーンスパン元FRB議長が最初です。2010年、米国で膨らむ財政赤字を嫌気した米国金利上昇を指しての発言でした。

　そのグリーンスパン氏は、FRB議長を18年余り務め、全ての統計データに精通していることで有名です。市場参加者の多くがスピーチ等で垣間見る同氏の分析力に尊敬の念を抱いたものです。

　しかし、同氏の最近の著『リスク、人間の本性、経済予測の未来』（日本経済新聞出版社）で彼は、2008年の金融危機を予測できなかったことを反省し、経済指標だけではなく、不安心理や浮かれ気分、群集行動など行動経済学が示すような人間行動の側面をより注目すべきだと述べております。

　その意味において、私は市場参加者の意見や行動が集約される金融市場、特に「金利」に注目することは景気を分析する上で有意義であると自信を持って言うことができます。

読者の皆様には、本書をきっかけに、ぜひ「金利」を景気分析や資産運用に役立てていただきたいと思っております。そして、投資が上手くいったとしたら、ファンドマネージャーとしてこれほどうれしいことはありません。

最後になりますが、私がファンドマネージャーを続けてこられたのは、まわりの方々に恵まれたからだと思います。身をもってファンドマネージャーとしての醍醐味を教えてくださった上司の方々、苦楽を共にしてきた同僚、ファンドマネージャーとして運用するという機会を与えてくれた会社、情報提供していただいた取引先金融機関、そして信頼してくださったお客様に改めて感謝申し上げます。

また、この本の出版にあたり、編集者として携わってくださった小早川幸一郎様（株式会社クロスメディア・パブリッシング代表取締役）、小泉千夏様をはじめ、本書が書店に並ぶまでご協力、ご尽力いただきました皆様に、この場を借りて御礼申し上げます。

【著者略歴】

堀井正孝（ほりい・まさたか）

ＳＢＩボンド・インベストメント・マネジメント（株）代表取締役。国内有数である先進国債券ファンド「グローバル・ソブリン・オープン（通称グロソブ）」元運用責任者。第一生命保険（株）および系列運用会社（現ＤＩＡＭ）で債券運用ファンドマネージャーとして従事した後、2005年から2015年12月まで国際投信投資顧問（株）（現三菱ＵＦＪ国際投信（株））でグロソブを担当。2008年「国内債券型・国際債券型部門　モーニングスター最優秀ファンド賞」受賞。債券運用歴25年超。早稲田大学理工学部卒。

金利を見れば投資はうまくいく

2016年1月21日　初版発行
2016年2月12日　第2刷発行

発行　**株式会社クロスメディア・パブリッシング**

発 行 者　小早川 幸一郎
〒151-0051　東京都渋谷区千駄ヶ谷4-20-3 東栄神宮外苑ビル
http://www.cm-publishing.co.jp

発 売　**株式会社インプレス**

〒101-0051　東京都千代田区神田神保町一丁目105番地
TEL (03)6837-4635（出版営業統括部）

■本の内容に関するお問い合わせ先 ‥‥‥‥‥‥‥‥‥‥‥‥‥‥‥‥ クロスメディア・パブリッシング
TEL (03)5413-3140／FAX (03)5413-3141
■乱丁本・落丁本のお取り替えに関するお問い合わせ先 ‥‥‥‥‥‥‥‥ インプレス　カスタマーセンター
TEL (03)6837-5016／FAX (03)6837-5023／info@impress.co.jp

乱丁本・落丁本はお手数ですがインプレスカスタマーセンターまでお送りください。送料弊社負担にてお取り替えさせていただきます。但し、古書店で購入されたものについてはお取り替えできません。

■書店／販売店のご注文受付 ‥‥‥‥‥‥‥‥‥‥‥‥‥‥‥‥‥‥‥ インプレス　受注センター
TEL (048)449-8040／FAX (048)449-8041

カバー・本文デザイン　都井美穂子（cmD）　　　印刷　株式会社文昇堂／中央精版印刷株式会社
図版作成　大竹優里　　　　　　　　　　　　　　製本　誠製本株式会社
ISBN 978-4-8443-7454-1 C2033　　　　　　　©Masataka Horii 2016 Printed in Japan

この本を読んだ方にお薦めの本です

勝つ投資、負けない投資

片山晃（五月）、小松原周 著
定価：1480円（税別）

バイトで貯めた65万円を
25億に増やした究極の個人投資家と
巨大ファンドを運用する
不敗の機関投資家が語る
マーケットのオモテとウラ

リスクを取らないリスク

堀古英司 著
定価：1450円（税別）

ニューヨーク、ウォール街で起業した
ファンドマネジャーが予測する
「将来日本で起こるリスク」、
知っておきたい「お金との向き合い方」、
「お金で買えないものの話」